용선생 교과서 한국사Q

2 조선 후기부터 현대까지

KB095945

사회평론

용선생 교과서 한국사Q 2

1판 1쇄 발행 2020년 12월 1일
1판 6쇄 발행 2024년 10월 25일

글	송용운, 김형겸, 정윤희, 이지은
그림	뭉선생, 윤효식
캐릭터	이우일
어린이사업본부	이승필
편집	송용운, 김형겸, 오영인
마케팅	윤영채, 정하연, 안은지
경영지원	나연희, 주광근, 오민정, 정민희, 김수아, 김승현
디자인	박효영
표지 디자인	Kafieldesign
조판 디자인	디자인서가
사진	북앤포토

펴낸이	윤철호
펴낸곳	(주)사회평론
전화	02-326-1182
팩스	02-326-1626
주소	03993 서울시 마포구 월드컵북로6길 56 사평빌딩
용선생 클래스	yongclass.com
출판 등록	1993년 10월 6일 제10-876호

© 사회평론, 2020

ISBN 979-11-6273-140-6 63900
ISBN 979-11-6273-141-3 (세트)

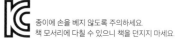

종이에 손을 베지 않도록 주의하세요.
책 모서리에 다칠 수 있으니 책을 던지지 마세요.

저자 소개

글 송용운 | 사회평론 역사연구소 연구원
연세대학교에서 경제학을 공부하고, 같은 학교 대학원에서 한국사(고려 시대사)를 전공했습니다.
명지대학교 등에서 강의하면서 '교육'에 대해 고민하기 시작했습니다.
사회평론 역사연구소 연구원으로『용선생의 시끌벅적 한국사』,『용선생 만화 한국사』,
『용선생 처음 한국사』,『용선생 교과서 한국사』(이상 공저)를 썼습니다.

글 김형겸 | 사회평론 역사연구소 연구원
고려대학교에서 역사교육을 공부하고, 현장에서 초등·중등 역사를 가르쳤습니다. 아이들이 역사를
즐길 수 있도록 쉽고 재미있는 이야기를 쓰고 싶습니다.『용선생이 간다』(공저)를 썼습니다.

글 정윤희
연세대학교 대학원에서 한국사(조선 시대사)를 전공하고,『한국대학신문』기자로 활동했습니다.
아이들이 역사를 통해 삶의 지혜를 길러 나갈 수 있도록 쉽고 재미있는 역사책을 만들고 있습니다.
『용선생의 시끌벅적 한국사』,『용선생 만화 한국사』,『용선생 처음 한국사』,『용선생 교과서 한국사』(이상 공저)를 썼습니다.

글 이지은
서울여자대학교에서 사학과 국어국문학을 공부하면서 어린이가 재미있게 볼 수 있는 역사책을
만드는 데 관심을 가지게 되었습니다. 어른이 되어서도 기억나는 어린이의 인생 책을 만들기
위해 노력하고 있습니다. 학습지『장원 한국사』를 기획하고 썼습니다.

그림 뭉선생
2006년 LG·동아 국제 만화 공모전 극화 부분 당선으로 작품 활동을 시작하였습니다.
『우주를 여는 열쇠』,『용선생 만화 한국사』,『용선생 처음 한국사』,『용선생 교과서 한국사』등을 그렸습니다.

그림 윤효식
2002년「신검」으로 데뷔,「영혼기병 나이트」로 소년잡지에 연재를 시작하였습니다.『교과서 속의 살아있는
수학 박물관』,『마법천자문 사회원정대』,『용선생 만화 한국사』,『용선생 처음 한국사』등을 그렸습니다.

검토 및 추천 (가나다 순)
다년간 아이들에게 우리 역사와 독서 논술을 가르쳐 온 선생님들이 이 책을 검토하고 추천해 주셨습니다.
강보민 선생님(해밀독서연구소 소장), 강세희 선생님(울산 생생 역사 논술 디베이트),
김현진 선생님(국립서울현충원 현장학습 강사), 배성현 선생님(인천 논술국어자신감 원장),
변규리 선생님(라별에듀, 초중등 역사 논술), 양윤희 선생님(토론하는아이들 대구혁신),
이수미 선생님(타박타박 교사 모임), 이혜숙 선생님(글고은 독서논술 원장),
정해연 선생님(책봄논술 원장), 진경남 선생님(명륜 독서논술 공방).

캐릭터 이우일
이 책의 캐릭터는 이우일 작가가 그린『용선생의 시끌벅적 한국사』의 그림입니다.

이 책은 한국사 내용을 확인하고 논술형 문제까지 대비하려는 친구들을 위해 준비했어. 이 책만 읽으면 교과 내용은 물론 중학교의 역사 논술 문제도 거뜬하게 해결할 수 있을걸? 지금부터 이 책의 활용 방법을 소개할게!

들어가기

오늘의 핵심 질문!

오늘 배울 내용이 궁금해? 오늘의 핵심 질문에서 확인해 봐!
각 장마다 4개의 핵심 질문을 두었어. 이 질문은 마치 오늘 수업의 내비게이션과 같은 거야. 어떤 사건을 배우고, 무엇을 기억해야 할지 알려 주지.

STEP 1

키워드 확인하기

수업에서 꼭 알고 가야 할 오늘의 키워드! 용선생님이 깐깐하게 골랐어. 역사반 친구들과 대화를 나누다 보면 역사 용어를 쉽게 이해하고 기억할 수 있을 거야.

STEP 2 핵심 문제 풀기

'오늘의 키워드'를 확인했으면 핵심 문제로 실력을 다져 보자! 틀린 부분 고르기, 빈칸 채우기, 사건 순서 맞추기 등 다양한 문제를 풀다 보면 한국사의 주요 내용들이 빠짐없이 정리될 거야.

STEP 2 ★ 핵심 문제 풀기

01 다음은 갑오개혁 이후의 사건을 설명한 글이야. 알맞지 <u>않은</u> 것은 무엇일까? (   )

① 갑오개혁으로 과거제와 신분제가 폐지되고 국왕의 권한이 제한됐어.
② 삼국 간섭으로 일본의 영향력이 약해지자 일본은 조선의 왕비를 시해했어.
③ 을미사변 이후 음력을 쓰고 장발령도 시행됐지.
④ 신변의 위협을 느낀 고종은 러시아의 공사관으로 거처를 옮겼어.

02 독립 협회와 관련된 자료들이야. 관련 있는 것들을 알맞게 짝지어 보자.

STEP 3 생각하며 글쓰기

역사 글쓰기는 어렵지 않냐고? 아니야! 꼼꼼히만 읽으면 지문 속에 답이 있는 걸 발견하게 될 거야. 지문의 도움을 받아 너의 생각을 펼쳐 봐. 어느새 중학교 역사 논술도 뚝딱 해결될 거야.

STEP 3 ★ 생각하며 글쓰기

★ 다음은 동학 농민 운동에 관한 글이야. (가), (나)의 이야기를 읽고 물음에 알맞은 글을 써 보자.

(가) # 농민들의 '성토 대회'

사회자: 여러분이 탐관오리나 양반, 부자들에게 당한 억울한 일에 대해 말씀해 주십시오.

농민1: 여기 계신 분들 다 마찬가지겠습니다만, 세금 때문에 나라고 뛰고 다 싶습니다. 나라가 백성을 굶어 죽지는 않게 해 줘야 하는 거 아닙니까! 그런데 세금 때문에 굶어 죽을 판입니다.

농민2: 우리 고을의 사또는 1년에 세금을 몇 번을 거둬 가는지 모르겠습니다. 세금을 걷을 때마다 세금의 이름은 다른데, 우리 같은 농민

*성토 여러 사람이 모여 어떤 잘못을 소리 높여 따지고 나무라는 것을 말해.

한국사능력검정시험 도전!

최근 출제된 한국사 능력 검정 시험 문제를 엄선했어. STEP 1, 2, 3를 거치며 쌓았을 한국사 실력을 시험해 볼 기회야!

QR 코드를 검색하세요!

▶ 용선생 클래스
yongclass.com

교재 활용을 위한
선생님 가이드 제공!

★ 차례

읽은 날짜를 써 두면 얼마나 열심히 공부했는지 한눈에 확인할 수 있을 거야!

스승님, 그럼 시작해 볼까요?

1
조선 사회의 변화와 위기

교과서 단원

초등 사회[5-2]
2-1. 새로운 사회를 향한 움직임

중학 역사②
V. 조선 사회의 변동
VI. 근·현대 사회의 전개

2

일제의 침략에 맞선 노력

교과서 단원

3

6·25 전쟁과 대한민국의 발전

교과서 단원

1 조선 사회의 변화와 위기

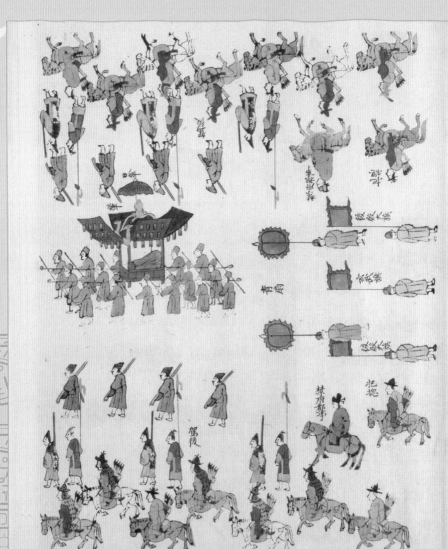

의궤

『의궤』는 국가의 주요 행사를 글과 그림으로 자세히 기록한 책이야. 이 그림은 영조와 정순 왕후의 혼례식 장면이야.

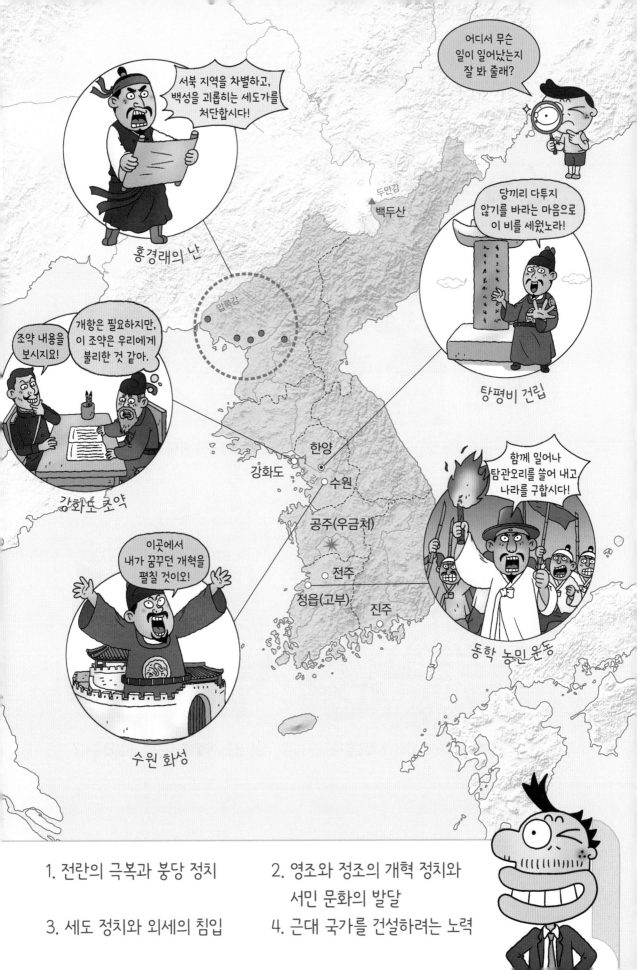

1. 전란의 극복과 붕당 정치

2. 영조와 정조의 개혁 정치와
서민 문화의 발달

3. 세도 정치와 외세의 침입

4. 근대 국가를 건설하려는 노력

1. 전란의 극복과 붕당 정치

독서 연계　용선생 교과서 한국사 2_12~29쪽

 오늘의 핵심 질문!

조선 후기 방납의 문제를
해결하기 위한 방법은?

전란을 극복하기 위해 어떤 노력을 했을까?

신분제에는 어떤 변화가 있었을까?

신하들은 어떻게 정치를 운영했을까?

1608	1610	1659	1674	1708
경기도, 대동법 실시	『동의보감』 완성	1차 예송 논쟁	2차 예송 논쟁	전국적으로 대동법 실시

STEP 1 ★ 키워드 확인하기

★ 역사반 친구들이 책을 읽고 이야기하고 있어. [오늘의 키워드]를 보고 문장을 완성해 보자.

오늘의 키워드

| 공명첩 | 대동법 | 동의보감 | 모내기법 | 붕당 정치 |

용선생 역사반

접속 멤버: 6명

용선생
전란 이후 조선의 모습은?

허영심
땅 부자는 섭섭하다고?

곽두기
내가 바로 미래의 허준!

장하다
조선 인삼이 최고!

왕수재
족보 삽니다.

나선애
인현 왕후와 희빈 장씨의 파란만장한 삶!

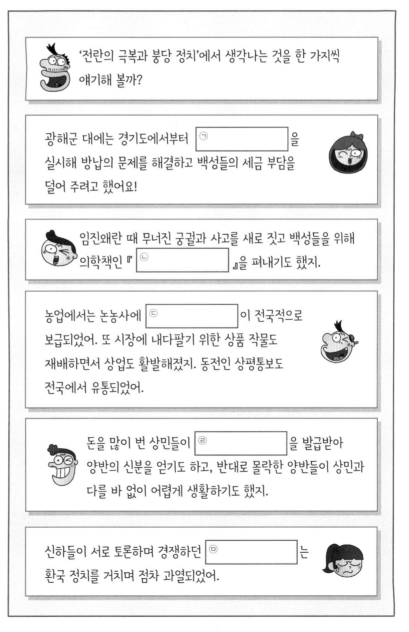

'전란의 극복과 붕당 정치'에서 생각나는 것을 한 가지씩 얘기해 볼까?

광해군 대에는 경기도에서부터 ⊙ [   ]을 실시해 방납의 문제를 해결하고 백성들의 세금 부담을 덜어 주려고 했어요!

임진왜란 때 무너진 궁궐과 사고를 새로 짓고 백성들을 위해 의학책인 『ⓒ [   ]』을 펴내기도 했지.

농업에서는 논농사에 ⓒ [   ]이 전국적으로 보급되었어. 또 시장에 내다팔기 위한 상품 작물도 재배하면서 상업도 활발해졌지. 동전인 상평통보도 전국에서 유통되었어.

돈을 많이 번 상민들이 ② [   ]을 발급받아 양반의 신분을 얻기도 하고, 반대로 몰락한 양반들이 상민과 다를 바 없이 어렵게 생활하기도 했지.

신하들이 서로 토론하며 경쟁하던 ⑩ [   ]는 환국 정치를 거치며 점차 과열되었어.

01 임진왜란 이후 전란을 극복하기 위한 노력으로 알맞지 <u>않은</u> 것은 무엇일까?　　　　(　)

① 공납의 문제를 해결하기 위해 전국적으로 방납을 시행했어.

② 왕실의 권위를 세우기 위해 창덕궁, 창경궁 등 궁궐을 대대적으로 수리했어.

③『조선왕조실록』을 보관하는 사고가 임진왜란 때 불타 없어지자 다시 지었어.

④ 허준의『동의보감』을 백성들에게 지속적으로 보급했어.

02 다음은 대동법의 시행 과정을 적은 글이야. 빈칸을 알맞게 채워 보자.

(1) 백성이 내야 할 특산물을 상인들이 대신 바치고 백성에게는 매우 높은 대가를 받아 갔어. 이런 행위를 _____이라고 했어.

(2) 그래서 광해군 때 특산물 대신 가지고 있는 토지의 면적에 따라 쌀이나 돈으로 세금을 내는 _____을 실시했어.

토지가 없거나 적은 농민들은 세금 부담이 줄어들어 좋았지만, 많은 토지를 가진 양반들은 반대가 심했어.

(3) _____에서 처음 실시된 대동법은 양반들의 반대로 전국적으로 실시되는 데 100년의 시간이 걸렸어.

03 『동의보감』에 대한 설명이야. 허준이 밑줄 친 ㈀의 내용을 책에 넣은 이유는 무엇일까?

유네스코 세계 기록 유산 특별전

○ 제작 시기: 1610년(광해군 2)

○ 소개: 허준이 정리한 의학 백과사전.

○ 특징: 우리 땅에서 나는 약재를 사용해 병을 치료하는 방법을 자세하게 적어 두었다. ㈀조선에서 그 약은 어디서 구할 수 있는지, 언제 따야 좋은지, 어떻게 말려야 되는지 등의 방법이 기록돼 있다.

04 다음을 읽고 모내기법에 대한 맞는 설명은 O, 틀린 것은 X해 보자.

모내기법
모판에 씨를 뿌려 싹이 자라면
벼의 싹인 모를 논에 옮겨
심는 방법이야.

(1) 건강한 모를 골라 심기 때문에 더 많은 쌀을 얻을 수 있었어. (O / X)

(2) 잡초를 뽑는 데(김매기) 일손이 많이 들어 한 사람이 농사지을 수 있는 면적이 전보다 더 좁아졌어. (O / X)

(3) 모내기를 하기 전에 비어 있는 논에 보리를 심을 수 있어서 1년에 같은 땅에서 두 번 농사지을 수 있었어. (O / X)

(4) 모판에서 모를 미리 키우기 때문에 물이 많이 필요하지 않았어. (O / X)

05 다음 글을 읽고 알 수 있는 사실을 정리해 보자.

> 강원도 정선군 어느 고을에 한 양반이 살았다. 워낙 집이 가난하여 해마다 나라의 곡식을 꾸어다 먹은 게 여러 해가 지나 일천 석이 되었다. 그러나 빚을 갚을 능력이 없어 괴로워했다. 같은 마을의 부자 상민은 가난한 양반의 소식을 듣고 그 양반의 신분을 사서 양반으로 살아 보겠다고 생각했다. 부자 상민은 양반을 찾아가 환곡을 대신 갚아 주기로 하고 양반 신분을 사게 되는데…….
>
> 박지원의 『양반전』 중에서

(1) 경제적 여유가 있는 상민은 돈을 내고 공명첩이나 족보를 사서

_____

(2) 중앙 정치에서 밀려나 형편이 어려워진 양반은

_____

06 조선 시대의 붕당 정치에 대해 정리한 글이야. ㉠~㉢을 바르게 고쳐 써 보자.

> 붕당 정치란 생각이 비슷한 신하들이 붕당을 이루어 서로 비판하고 견제하는 정치를 말한다. 최초의 붕당은 선조 때 ㉠ 노론과 소론이었다. 현종 때는 상복 입는 기간을 두고 서인과 남인이 논쟁을 했는데 이를 ㉡ 상복 논쟁이라고 한다. 숙종 때는 붕당의 힘이 커지자 왕권을 강화하기 위해 집권 붕당을 완전히 바꿨는데, 이를 ㉢ 세도 정치라고 한다.

㉠ _____   ㉡ _____   ㉢ _____

★ 다음은 조선 시대의 열녀에 대한 글이야. 이야기를 읽고 물음에 알맞은 글을 써 보자.

진행자: 독자 여러분, 안녕하십니까? 오늘은 책《만들어진 열녀》의 작가님을 모시고 이야기를 나눠 보도록 하겠습니다. 작가님, 먼저 '열녀'란 무엇인가요?

작가: 사전에는 '남편이 죽은 후에 *수절하거나 죽음으로 *정절을 지킨 여성'으로 표현하고 있습니다. 유교 사회에서는 정절을 덕목으로 여겼는데요, 이를 반영한 단어가 아닌가 생각됩니다.

진행자: 그렇군요. 작가님은 '열녀'가 만들어졌다고 보셨는데요, 이들은 어떤 방법으로 만들어진 건가요?

작가: 국가적으로 상을 주는 방식으로 이뤄졌습니다. 관찰사가 '열녀'를 수소문해 보고하면 국가에서 포상을 한 것이죠. '열녀'로 인정을 받으면 마을 앞에 붉은색 문을 세워 주었는데요, 사람들은 이를 명예롭게 여겼어요. 또 세금도 면제해 주었고, 자식에게는 벼슬도 주었습니다.

진행자: 실질적인 혜택이 주어졌군요. 이로 인한 문제는 없었을까요?

작가: '열녀'가 되려는 사람들이 많아지자 국가에서도 점차 특이한 케이스를 선발했죠. 이제는 손가락을 끊거나 *재가하지 않고 수절만 해선 '열녀'가 될 수는 없었습니다. 목숨을 끊는 등 극단적인 행위를 해야지만 '열녀'로서 포상을 받을 수 있게 된 겁니다. 『실록』에는 남편이 죽자 우물에 몸을 던진 아내의 이야기, 심지어 스스로 목숨을 끊은 15살, 17살의 소녀들의 이야기도 나와요. '열녀'가 되기 위한 기준이 극단적으로 변질되었음을 알 수 있습니다. 혜택도 따르다 보니 주변에서 여성들에게 '열녀'가 되라고 강요하거나 죽음을 *위장하는 일까지 벌어졌습니다.

수절 남편이 죽어 여자가 평생 혼자 지내는 거야.

정절 한 사람만을 사랑하는 마음을 말해.

재가 결혼했던 사람이 남편과 헤어지고 다른 사람과 결혼하는 걸 말해.

위장 본 모습이 드러나지 않도록 거짓으로 꾸미는 거야.

진행자: 충격적이네요. 그런데 작가님, '열녀'라고 치켜세우는 것도 사실 일방적인 희생을 강요하는 것인데, 이를 국가가 나서서 했다는 것도 놀라운 일이네요. 지금으로서는 상상도 못할 일이니까요.

작가: 그렇습니다. 임진왜란을 겪은 조선 사회는 매우 혼란했어요. 유교 덕목을 백성들에게 강요하면서 사회 질서를 다잡으려는 의도로 생각해 볼 수 있습니다. '효도', '정절'이 대표적으로 강요된 덕목들이지요. 이 과정에서 특히 여성에게는 정절이 요구되었고, 급기야 여성들이 스스로 목숨을 끊어야만 하는 상황에 놓이게 된 것입니다. 현대와는 다른 사회지요. 지금은 이런 가치를 여성뿐만 아니라 어느 누구에게도 강요하진 못하니까요. '열녀'라는 말도 이제는 통하지 않을 것 같습니다.

진행자: 작가님 말씀대로 '열녀'란 말을 이제는 쓸 일은 없을 것 같습니다. 지금까지 책 《만들어진 열녀》의 작가님을 모시고 조선 시대 '열녀'에 대해 이야기 나누었습니다. 감사합니다.

01 위 이야기를 읽고 맞는 설명은 O, 틀린 것은 X해 보자.

(1) 조선 시대에는 국가에서 정절을 지킨 여성을 '열녀'로 표창하였다.

(O / X)

(2) 열녀로 표창 받으면 명예를 인정받았지만 실질적인 혜택은 없었다.

(O / X)

(3) 열녀가 되기 위한 조건은 언제나 같았다. (O / X)

02 친구들이 밑줄 친 '문제'로 예상되는 것을 발표했어. <u>틀린</u> 것은 무엇일까?

(   )

① '열녀'로 인정받기 위해 죽음을 선택하는 여성이 늘어났어.

② 집안사람들이 여성에게 자살을 강요할 수도 있겠어.

③ 어린 나이에 남편을 잃어도 평생을 홀로 살거나 목숨을 끊어야 했겠지.

④ 남성도 부인이 죽으면 따라 죽는 경우가 많아졌을 거야.

03 위의 인터뷰를 읽고 조선 시대의 '열녀' 표창을 비판하는 글을 써 보자.

내 죽음으로
세운 문이다….

01 50회 기본

다음 퀴즈의 정답으로 옳은 것은?

제시된 단계별 힌트를 통해 알 수 있는 제도는 무엇일까요?	
1단계	선혜청에서 주관
2단계	특산물 대신 쌀, 베, 동전으로 납부
3단계	토지 결수를 기준으로 공납을 부과

① 과전법   ② 균역법
③ 대동법   ④ 영정법

02 34회 초급

(가)에 들어갈 책으로 옳은 것은?

백성을 구한 의학서, [(가)]

· 지은이: 허준
· 2015년 국보로 지정.
· 전통 의학을 집대성.
· 우리 땅에서 자라고 주변에서 구할 수 있는 약재 소개.

① 동의보감   ② 마과회통
③ 의방유취   ④ 향약집성방

03 32회 초급

다음 가상 광고를 통해 알 수 있는 시기의 모습으로 옳은 것은?

추석 맞이 큰 장터

보부상들이 가져온 다양한 상품 판매!
상평통보 사용을 환영합니다.

① 목화가 처음 재배되었다.
② 골품제라는 신분 제도가 있었다.
③ 팔관회가 국가적으로 크게 열렸다.
④ 모내기법이 전국적으로 보급되었다.

04 37회 중급

(가)에 들어갈 상인으로 옳은 것은?

20○○년 [(가)] **전통 문화 축제**

우리 문화재단에서는 [(가)] 전통 문화 축제를 개최합니다. [(가)] 은/는 전국의 장시에서 활동한 상인으로 봇짐장수와 등짐장수를 아울러 일컫는 말입니다. 이들과 관련된 길 행렬, 난전 놀이 등 다양한 공연을 준비했으니 많은 참여 바랍니다.

① 객주   ② 공인
③ 보부상   ④ 시전 상인

05 27회 중급

(가)에 들어갈 내용으로 옳은 것은?

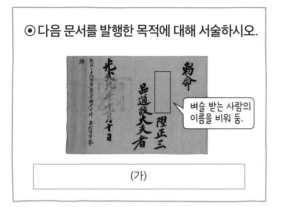

① 과거 합격을 증명하기 위해 제작되었다.
② 재정 부족 문제를 해결하기 위해 발급되었다.
③ 토지의 소유권을 명확히 하기 위해 발행되었다.
④ 촌락의 인구, 토산물 등을 파악하기 위해 작성되었다.

06 32회 중급

(가)에 들어갈 내용으로 옳은 것은?

① 위훈 삭제를 계기로 발생하였어요.
② 조의제문의 내용이 빌미가 되었어요.
③ 폐비 윤씨 사사 사건이 원인이 되었어요.
④ 자의 대비의 복상 기간을 둘러싼 논쟁이었어요.

07 26회 중급

다음 가상 인터뷰에 등장하는 (가) 왕의 재위 기간에 있었던 사실로 옳은 것은?

① 환국이 일어났다.
② 현량과가 시행되었다.
③ 균역법이 제정되었다.
④ 초계문신제가 실시되었다.

08 46회 중급

(가)에 해당하는 섬으로 옳은 것은?

① 독도　　② 완도
③ 거제도　　④ 흑산도

2. 영조와 정조의 개혁 정치와 서민 문화의 발달

독서 연계
용선생 교과서 한국사 2_30~53쪽

 오늘의 핵심 질문!

능력 있는 인재들
각 붕당에서 고루
등용할 것이야!

영조는 왜 탕평책을 실시했을까?

어서들 오시오!
연구할 게 많소!

규 장 각

열심히
공부하겠습니다!

정조는 왜 젊은 인재들을
규장각으로 불러들였을까?

얼쑤

조선 후기에 유행한 서민 문화는?

백성들에게 도움이 되는 실질적인 학문은?

1742	1750	1776	1791	1796
탕평비 건립	균역법 실시	규장각 설치	금난전권 폐지	수원 화성 완공

★ 역사반 친구들이 책을 읽고 이야기하고 있어. 오늘의 키워드 를 보고 문장을 완성해 보자.

오늘의 키워드

규장각   서민 문화   수원 화성   실학   탕평책

용선생 역사반

접속 멤버: 6명

 용선생
다들 책 읽어 왔지?

 곽두기
붕당 싸움은 그만!

 허영심
짠! 탕평채를 만들어 보 았어!

 나선애
정조 임금님 나랑 좀 통 할듯!

 왕수재
융·건릉에 다녀왔어요!

 장하다
책 읽기 싫은데, 전기수 없나?

 얘들아, '영조와 정조의 개혁 정치와 서민 문화의 발달' 다들 읽고 왔지? 조선 후기에는 어떤 일들이 있었을까?

영조가 ⓐ [   ] 을 펼쳐 붕당 간의 싸움을 없애고 왕권도 강화하려고 했어요.

 탕평은 왕이 어느 한쪽을 편들지 않고 공정한 정치를 펴는 걸 말하지!

정조도 탕평책을 이어받았어. 또 왕실 도서관인 ⓑ [   ] 을 설치해 젊고 능력 있는 학자들을 모아 학문과 정책을 연구하게 했어.

 아버지 묘소와 가까운 곳에는 ⓒ [   ] 을 짓고 개혁 정치의 무대로 삼으려고 했어.

조선 후기에는 ⓓ [   ] 를 즐기는 사람들로 넘쳐 났어. 한글 소설이 유행했고, 탈놀이, 판소리를 구경하는 사람도 많았지. 또 백성이 겪는 문제를 해결하는 데 도움이 되는 학문인 ⓔ [   ] 도 등장했어.

01 조선 후기에 대한 설명으로 알맞지 <u>않은</u> 것은 무엇일까?　　　　　(　)

① 영조는 백성들의 군포 부담을 절반으로 줄여 주었어.

② 정조는 규장각에 유득공, 이덕무 등 서얼도 등용했어.

③ 정조는 난전이 자유롭게 장사할 수 있도록 금난전권을 강화했어.

④ 돈을 받고 책을 읽어 주는 전기수라는 직업도 있었어.

02 다음 글을 읽고 물음에 답해 보자.

> "붕당 간의 싸움이 요즈음보다 심한 적이 없었다. ① 지금은 한쪽 사람을 모조리 역적으로 몰고 있다. (중략) ② 우리나라는 땅도 좁고 인재도 그리 많지 않은데, 근래에 들어 ③ 사람을 임용할 때 모두 같은 붕당의 사람들만 등용하고자 한다. (중략) 이제 관리의 임용을 담당하는 해당 부서에서는 탕평의 정신을 받들어 ④ 능력 있는 사람을 거두어 쓰도록 하라."
>
> 『영조실록』

(1) 붕당 정치의 폐단을 언급한 부분 두 군데를 골라 보자.

　　　　　　　　　　　　　　　　　　(　 , 　)

(2) 영조가 실시한 탕평책의 내용은 무엇인지 찾아 써 보자.

_____

_____

03 다음 정조의 업적에 대한 물음에 답해 보자.

(1) 정조는 창덕궁 뒤편 정원에 건물을 짓고 학자들을 불러 모아 학문과 정책을 연구하도록 했어. 이 기관의 이름은 무엇일까?

_____

(2) 정조는 37세 이하의 젊고 능력 있는 문신들을 뽑아 재교육하고, 학문 연구에 전념하게 하는 제도도 시행했지. 이 제도의 이름은 무엇일까?

_____

04 다음을 읽고 이 책이 무엇인지 초성을 이용해 완성해 보자.

이 책은 수원 화성 공사의 거의 모든 과정을 정리했어. 건축 장비는 물론 동원된 장인의 수, 사용한 못과 벽돌의 수까지 상세하게 기록돼 있지. 6·25 전쟁으로 수원 화성이 크게 훼손되었지만, 이 책 덕분에 복원할 수 있었어.

ㅎ ㅅ ㅅ ㅇ ㅇ ㄱ

_____

05 역사반 친구들이 조선 후기를 배경으로 한 영화의 주인공을 캐스팅하고 있어. 주제에 알맞은 인물을 주인공 후보 에서 골라 써 보자.

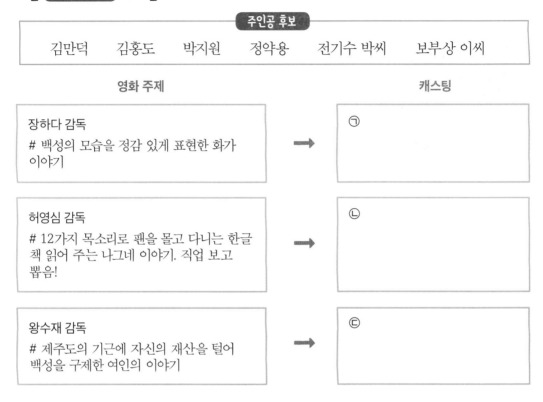

주인공 후보

김만덕   김홍도   박지원   정약용   전기수 박씨   보부상 이씨

영화 주제		캐스팅
장하다 감독 # 백성의 모습을 정감 있게 표현한 화가 이야기	➡	㉠
허영심 감독 # 12가지 목소리로 팬을 몰고 다니는 한글 책 읽어 주는 나그네 이야기. 직업 보고 뽑음!	➡	㉡
왕수재 감독 # 제주도의 기근에 자신의 재산을 털어 백성을 구제한 여인의 이야기	➡	㉢

06 조선 후기 실학자와 그들의 주장을 알맞게 연결해 보자.

(1) 유형원 •

(2) 박제가 •

(3) 정약용 •

(4) 박지원 •

• ㉠ "국가에서 모든 토지를 갖고, 신분에 따라 토지를 분배하자!"

• ㉡ "수레와 선박을 사용해 나라에 물자가 활발하게 돌 수 있도록 해야 해."

• ㉢ "공동 농장을 마련해 경작은 공동으로 하고, 수확은 노동량에 따라 분배하자!"

• ㉣ "재물은 우물과 같아서 쓰면 쓸수록 차올라서 더 좋은 물건이 나오게 마련이야."

★ 다음은 조선 후기에 토지를 잃은 농민들의 어려움을 담은 글이야. (가), (나)의 이

야기를 읽고 물음에 알맞은 글을 써 보자.

(가) # 한적한 농촌, 농민 박씨와 김씨가 만나 신세한탄.

농민 박씨: 김씨, 왜 이렇게 얼굴빛이 안 좋은가? 잠을 못 잤는가?

농민 김씨: 요 며칠 이 집 저 집 돌아가면서 *이엉을 엮지 않았겠나? 머

　　　　　리, 어깨, 팔, 무릎까지 안 아픈 곳이 없네 그려.

농민 박씨: 쯧쯧. 어쩌다 우리가 이렇게 소일거리를 찾아다니는 신세가 됐

　　　　　는지, 원.

농민 김씨: 그러게. *목구멍에 풀칠하기도 어려워 가진 땅마저 정씨 영감

　　　　　에게 팔아 버렸더니 이제는 먹고살 길이 더 막막해졌네.

농민 박씨: 그나저나 정씨 영감은 계속 땅을 사들인다지?

농민 김씨: 왜 안 그렇겠나. 우리 같은 처지의 사람들이 땅 문서를 들고

　　　　　찾아가니 말이지. 정씨 영감네는 이제 혼자 농사짓기에도 땅

　　　　　이 넓으니까 일부는 소작을 주고, 일부는 일꾼들을 불러다가

　　　　　채소와 과일을 재배하게 한다는구먼! 부럽지 않은가?

농민 박씨: 허허, 내 땅은 송곳 꽂을 만큼도 없는데, 기가 막히는구먼!

> 이엉 초가집 지붕을 이으려고 짚이나 억새 같은 것을 엮는 걸 말해.

> 목구멍에 풀칠하기 굶지 않고 겨우 살아가는 처지를 말해.

(나) 농토를 파는 데는 다양한 이유가 있다. 처음에는 비단옷을 입고 고

기반찬을 먹고 싶어서 팔지만, 나중에는 죽으로도 *끼니를 잇지 못하여

팔게 된다. 또 주인이 노비를 협박하여 빼앗아 가기도 하고, 지주가 소작

농을 윽박질러 땅을 요구하기도 한다. 이런 이유로 백성들에게 농토는 갈

수록 적어지고 마침내 없어진다. 백성들은 갈수록 가난해져 간다.

　그래서 나라를 세운 이들은 모두 이 점을 걱정하였다. (중략) 나도 일찍

> 끼니 때맞추어 밥을 먹는 거야.

이 깊이 연구하여 방법을 생각해 냈다. 대단한 것은 아니지만 이와 같이 실천한다면 조그만 효과는 볼 수 있을 것이다.

국가에서 한 가족이 삶을 꾸려 나갈 수 있는 경제력을 계산하여 그에 상응하는 일정한 규모의 토지를 나누어 준다. 이를 영업전(永業田)이라고 한다. (중략) 영업전보다 농지를 많이 가진 사람이라도 땅을 빼앗지 않고, 농지를 더 사려는 사람도 비록 천 결, 백 결이라도 모두 허용한다. 다만 농지가 많아서 팔려는 사람은 영업전을 제외하고 남은 농지만 파는 것을 허락한다.

국가는 오직 영업전을 팔거나 사는 자가 있는지 철저하게 조사해야 한다. 즉 남의 영업전을 산 사람은 그것을 빼앗은 죄로 다스리고, 자기의 영업전을 판 사람도 몰래 판 죄로 다스린다. (중략) 내가 한 마을을 살펴보니, 재산을 잃고 망하는 집들이 계속 나온다. (중략) 마을의 수령이 땅을 빼앗아 땅 없는 백성에게 나누어 줄 수는 없지만, 가난한 백성이 지금 가지고 있는 땅이나마 항상 지켜서 농사지어 먹고산다면 살아가는 데 도움이 될 것이다.

이익의 『성호집』 중에서

01 (가)를 읽고 알 수 있는 조선 후기 농촌의 모습으로 맞지 <u>않은</u> 것은?( )

① 먹고살기 어려워 땅을 파는 농민이 많았어.

② 이엉 엮기, 잡초 제거 등 품을 팔면 대부분 큰 부자가 되었어.

③ 시장에 내다 팔 상품 작물을 재배하는 농민도 있었지.

④ 돈 많은 사람들은 토지를 사들여 더 큰 부자가 되려고 했어.

02 (나)를 읽고 이익의 생각을 정리했어. 빈칸을 알맞게 채워 보자.

문제 인식		• 다양한 이유로 많은 백성이 땅을 잃고 있음. • 땅이 없어져 백성들은 더욱 가난해짐.
해결	아이디어	• '백성에게 땅을 잃게 하는 일을 없애야겠다!' • 한 집마다 ㉠ [　　　　]을 만들고, 팔 수 없게 함.
	방해 요소	• 남의 영업전을 산 사람은 영업전을 빼앗은 죄로 다스리고 판 사람도 몰래 판 죄로 다스린다.
기대되는 효과		㉡

03 기자가 되어 실학자 이익을 만났어. (가)와 (나)를 참고해 이익의 대답을

채워 보자.

기자: 안녕하세요. 이익 선생님! 농촌에 계시면서 많은 생각이 드셨다면서요?

이익: 예, 땅을 잃고 떠도는 농민들이 많아져 큰일입니다.

기자: 그게 문제라면 농민이 땅을 안 팔면 되는 거 아닌가요?

이익: 농민들도 어쩔 수 없이 파는 겁니다. 가령 주인이 노비를 협박

해 빼앗고, 지주가 소작농을 윽박질러 요구하기도 하죠.

기자: 이 문제를 어떻게 해결하면 좋을까요?

이익: 농민이 땅을 잃지 않게 해야지요. 구체적으로는 ㉠ _____

_____

기자: 이 영업전마저도 사려는 사람이 있을 수도 있을텐데요.

이익: 영업전은 사고 팔수 있는 게 아닙니다. ㉡ _____

_____

기자: 그렇군요. 지금까지 용선생 TV의 [이름] 기자였습니다.

농민이 땅을 잃어선 안 되오!

01 45회 초급

다음 가상 인터뷰에 등장하는 왕의 업적으로 옳은 것은?

① 척화비를 세웠다.
② 탕평책을 실시하였다.
③ 집현전을 설치하였다.
④ 전국을 8도로 나누었다.

02 45회 초급

다음 가상 대화에 등장하는 왕의 업적으로 옳지 <u>않은</u> 것은?

① 장용영을 설치하였다.
② 경국대전을 편찬하였다.
③ 초계문신제를 실시하였다.
④ 규장각의 기능을 강화하였다.

03 47회 기본

선생님의 질문에 대한 학생의 대답으로 옳지 <u>않은</u> 것은?

04 40회 초급

다음 가상 인터뷰의 주인공으로 옳은 것은?

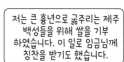

① 김만덕　　② 유관순
③ 신사임당　　④ 허난설헌

05 46회 초급

(가)에 들어갈 내용으로 적절하지 <u>않은</u> 것은?

> 우리 박물관에서는 조선 후기 서민 문화를 주제로 다양한 행사를 마련했습니다. 풍자와 해학이 넘치는 선조들의 삶을 만나 보세요.
> · 하회 별신굿 탈놀이 공연
> · (가)
> · 전기수와 함께 홍길동전 읽기

① 사설시조 문학전
② 상감 청자 공예전
③ 춘향가 판소리 공연
④ 까치와 호랑이 민화 전시회

06 31회 초급

다음 전시회에서 볼 수 있는 그림으로 옳은 것은?

> ### 신윤복 특별 기획전
>
> 본 특별 기획전에서는 양반들의 풍류와 여성의 생활 등을 소재로 그린 신윤복의 작품을 모아 전시합니다.
> · 기간: ○○○○년 ○○월 ○○일~○○일
> · 장소: □□박물관 △△전시실

① 　②

③ 　④

07 46회 초급

밑줄 그은 '이 분'에 대한 설명으로 옳은 것은?

내가 존경하는 역사 인물

다산초당　　목민심서

이 분은 오랜 유배 생활 중에도 학문 연구를 계속하여 목민심서 등 여러 책을 저술하였습니다.

① 거중기를 설계하였다.
② 추사체를 창안하였다.
③ 열하일기를 저술하였다.
④ 대동여지도를 제작하였다.

08 45회 초급

다음 가상 편지에서 밑줄 그은 '나'로 옳은 것은?

> ### 그리운 벗에게
>
> 　어제 <u>나</u>는 조선에 잘 도착했소. 청에서 배운 것과 보고 들은 것들이 공부에 많은 도움이 되었소.
> 　벽돌을 이용해 건물을 짓고 수레를 이용해 물자를 나르는 등 여러 가지 모습이 인상적이었소. <u>나</u>는 그동안 기록했던 내용을 정리하여 열하일기로 펴낼 생각이오.
> 　다시 소식 전할 때까지 건강하시오.
> 　　　　　　　　　　　　　　친구가

① 송시열　　　② 홍대용
③ 박지원　　　④ 박제가

3. 세도 정치와 외세의 침입

독서 연계 용선생 교과서 한국사 2_54~71쪽

 오늘의 핵심 질문!

세도 정치란 무엇일까?

전국에서 농민 봉기가 일어난 이유는?

흥선 대원군의 정책에 대한
백성들의 반응은?

프랑스와 미국은 조선을 왜 침략했을까?

1811	1862	1863	1866	1871
홍경래의 난	임술 농민 봉기	고종 즉위, 흥선 대원군 집권	병인양요	신미양요

STEP 1 ★ 키워드 확인하기

★ 역사반 친구들이 책을 읽고 이야기하고 있어. 오늘의 키워드 를 보고 문장을 완성해 보자.

오늘의 키워드

농민 봉기   세도 정치   척화비   천주교   흥선 대원군

용선생 역사반

접속 멤버: 6명

 용선생
다들 책 읽어 왔지?

 허영심
탐관오리 싫어요!

 장하다
비나이다, 컴온 뉴월드!

 나선애
햇볕을 들자!

 왕수재
흥선 대원군 좋기도, 싫기도.

 곽두기
치열했던 전투의 현장, 강화도

 얘들아, '세도 정치와 외세의 침입' 읽어 왔지? 조선에 무슨 일이 일어났는지 말해 볼까?

19세기에 특정 가문이 나라의 권력을 독차지하는 ⓐ [   ] 가 시작됐어요. 탐관오리가 세금을 마구 거두어 백성들이 어려움을 겪었어요.

 새 세상이 오길 바라는 사람도 많아졌지. 예언 사상이 유행하는가 하면, 새로운 종교로 서학이라고 불리던 ⓑ [   ] 와 최제우가 만든 동학도 널리 퍼졌어.

세도 정치에 신음하던 백성들도 들고일어났어. 1862년 한 해 동안 전국의 70여 곳에서 ⓒ [   ] 가 일어났어.

 철종이 자식 없이 죽자 어린 고종이 왕위에 올랐어. 그러자 그의 아버지인 ⓓ [   ] 이 권력을 쥐고 개혁을 단행했지. 서원을 철폐하고, 양반에게도 군포를 거두었어.

1866년과 1871년에는 각각 프랑스와 미국이 강화도에 쳐들어왔어요. 병인양요와 신미양요예요! 흥선 대원군은 전국에 ⓔ [   ] 를 세우고 서양과는 교류하지 않겠다는 의지를 알렸어요.

01 세도 정치 시기에 일어난 일로 알맞지 <u>않은</u> 것은 무엇일까?　　　　　　　(　)

① 세도 정치는 특정 집안이 권력을 차지해 나라를 다스리는 것을 말해.

② 세도 가문의 부정부패가 심해서 백성들이 큰 피해를 보았어.

③ 홍경래는 관리들의 부정부패와 평안도 지역 차별에 맞서 봉기를 일으켰어.

④ 최제우는 동학에 대항한다는 의미로 서학을 창시했어.

02 다음 자료를 보고 물음에 답해 보자.

(1) 각 그림을 보고 어떤 세금의 문제를 표현한 것인지 　보기　에서 찾아 써 보자.

보기

군포
전세
환곡

㉠＿＿＿＿＿＿＿　　　　　　㉡＿＿＿＿＿＿＿

(2) 다음의 시에서 지적하는 제도의 이름을 위 　보기　에서 찾아 쓰고, 이 제도가 문제가 된 이유도 써 보자.

(생략)
봄철에 좀먹은 것 한 말 받고
가을에 온전한 쌀 두 말을 갚는데
더구나 좀먹은 쌀값 돈으로 내라니
남는 이익은 나쁜 관리 살찌워
백성들의 차지는 고생뿐이니(생략)…
　　　　정약용의 <하일대주> 중에서

㉠ 제도 : ＿＿＿＿＿＿＿＿＿＿＿＿＿

㉡ 문제가 된 이유 : ＿＿＿＿＿＿＿＿＿

＿＿＿＿＿＿＿＿＿＿＿＿＿＿＿＿＿＿

＿＿＿＿＿＿＿＿＿＿＿＿＿＿＿＿＿＿

03 19세기 조선의 사회를 담은 영화를 찍으려고 해. 잘못 들어간 장면을 골라 보자. (　　　)

① 10년 준비 끝에 평안도에서 난을 일으킨 홍경래

② 수령 자리를 파는 대가로 뇌물을 받는 세도 가문

③ 진주 지역에서 농민들에게 세금을 마구 걷는 백낙신

④ 환곡의 부담에 만적이 이끄는 무리에 가담한 농민

04 흥선 대원군이 한 일을 정리했어. ㉠~㉣ 중 틀린 부분의 기호를 쓰고, 내용을 바르게 고쳐 써 보자.

- **등장**: 어린 고종을 대신해 나라를 다스림.
- **개혁 정책**
  - 부족한 재정을 마련하기 위해 ㉠ 양반에게도 군포를 거두었음.
  - 면세 혜택을 누려 온 ㉡ 서당을 47개만 남기고 정리했음.
  - 왕실의 권위를 세우기 위해 ㉢ 경복궁을 다시 지었음.
- **대외 정책**
  - 전쟁을 겪은 이후 다른 나라의 통상 요구를 ㉣ 받아들임.
  - 전국 곳곳에 척화비를 세움.

(1) _____ (기호) → _____

(2) _____ (기호) → _____

05 백성들이 어떤 사건에 대해 말하고 있는지 연결해 보자. 단, 한 사건 당 목격자는 두 명이야.

① 훈장 송씨
"양헌수 장군이 정족
산성에서 서양 세력
을 물리쳤다구!"

② 노비 말뚱이
"어재연 장군님의 수
자기를 떼어다가 가져
가 버렸다니까."

③ 향리 박씨
"외규장각의 서적과 문
화유산을 그놈들이 약
탈해 간 걸 내가 봤어!"

④ 양반 김씨
"놈들은 지난번 제너
럴셔먼호 사건을 구실
로 쳐들어온 거야!"

⊙ 신미양요

ⓒ 병인양요

06 아래 카드를 보고 일어난 순서대로 알맞게 나열해 보자.

(가) 병인양요

(나) 신미양요

(다) 임술 농민 봉기

(라) 척화비 건립

(   ) → (   ) → (   ) → (라)

★ 다음은 흥선 대원군이 한 일에 대한 글이야. (가), (나)의 이야기를 읽고 물음에 알맞은 글을 써 보자.

(가) # 운현궁 회의

(흥선 대원군과 몇몇 신하들이 모여 나랏일을 논의하고 있다.)

신하1: *합하, 충신과 공신 자손에게는 예부터 군포가 면세되는데 어찌 내라하십니까?

흥선 대원군: 그 일은 지난 번 회의 때 끝난 이야기 아니오? 충신도, 공신도 모두 군포를 내는 호포법을 만든다고 하지 않았소!

신하1: 하오나 합하, 조정의 관리들이 매우 불만이 많습니다.

흥선 대원군: 어허, 그게 나라를 생각한다는 자들이 할 소리요? 지금까지 그 후손들이 세금을 내지 않았기 때문에 백성들이 법이 정한 세금보다 무거운 부담을 지고 있는 것 아니오. 이는 분명 충신, 공신들의 본뜻도 아닐 것입니다.

신하1: (못마땅해하며) 그렇다면…(콜록).

신하 2: 그보다 합하, 서원을 그렇게까지 허물 필요가 있습니까? 대궐 앞에 유생들이 며칠을 울부짖고 있습니다.

흥선 대원군: 말씀 잘 하셨습니다. 서원은 본래 성현의 제사를 지내고 선비를 교육하는 기관 아닙니까. 각종 혜택은 누리면서도, *농번기나 제사 때마다 백성들을 마구 부리고 재물도 빼앗고 있습니다. 지금 서원은 도둑의 소굴이 되어가고 있어요. 진실로 백성에게 해가 되는 것이 있으면 내 비록 공자가 다시 살아난다 해도 용서치 않을 것입니다!

신하2: (대원군의 눈치를 살피며) 흠흠….

합하 정일품 관리 등을 높여 부르던 말이야. 흥선 대원군을 '합하'라고 불렀어.

농번기 모낼 때나 가을걷이할 때처럼 농사일이 매우 바쁜 때를 말해.

(나) 경복궁을 새로 지을 때 재정이 부족해 일을 할 수 없게 되자, 조선 팔도의 부자들에게 돈을 거두어들여 재산을 잃고 망하는 사람이 많이 나왔다. 이때 거두어들인 돈을 나라에서는 백성들이 스스로 낸 돈이라 하여 '원할 원(願)'자를 써서 원납전(願納錢)이라고 하였다. 하지만 백성들은 입술을 삐죽거리며 '원망할 원(怨)'자를 써서 원납전(怨納錢)이라고 하였다. 이외에도 갖은 방법으로 돈을 거두어들였는데 한양에서는 통행세를 받았고, 지방에서는 성인 남성의 수를 계산하여 돈을 받아 갔다.

철종 말기에 탐관오리의 횡포로 백성들이 생활을 이어갈 수 없게 되자 임술년(1862)에 봉기를 일으켰다. 대원군은 그 폐단의 원인을 분명하게 하여 친한 사람이라도 잘못이 있으면 용서하지 않아 탐관오리가 좀 줄고(생략)….

황현의 『매천야록』 중에서

01 (가)를 읽고 빈칸에 알맞은 말을 채워 보자.

흥선 대원군의 정책	㉠ [ ] 실시	서원 철폐
실시 이유	양반들이 세금을 내지 않아 백성들이 많은 세금을 내고 있었다.	㉡
양반과 유생들 반응	불만	㉢

02 흥선 대원군의 정책에 대한 백성들의 반응을 정리했어. (가), (나)를 읽고
빈칸에 들어갈 백성의 반응을 예상하여 채워 보자.

국가 정책	일반 백성 반응
호포제	"양반도 군포를 내니 우리의 세금 부담이 줄지 않을까?"
서원 철폐	㉠
경복궁 중건	"국가 재정이 부족하면 하지 않아도 되지 않을까?"
원납전	㉡

03 농부 박씨의 입장이 되어 흥선 대원군에게 *청원서를 써 보자.

청원서 국민이 국가 기관을 상대로 자기가 바라는 것을 쓴 문서를 말해.

　* 청원서 작성 요령
　① 무엇이 문제인지 적습니다. (흥선 대원군 정책에 대한 기대와 실망 등)
　② 바라는 것을 적습니다. (국가 정책을 비판하고, 요구 사항을 적습니다.)

제가 원하는 것은…

01 44회 초급

다음 퀴즈의 정답으로 옳은 것은?

> ⦿ 단계별로 제시된 힌트를 종합하여 알 수 있는 용어는 무엇일까요?
>
> | 1단계 | 조선 시대에 가난한 농민을 도와주는 제도임. |
> | 2단계 | 굶주리는 백성들에게 봄에 곡식을 빌려주고 가을에 갚게 함. |
> | 3단계 | 점차 강제로 빌려주고 비싼 이자를 받아 백성을 수탈하는 수단으로 변질됨. |

① 공납
② 군정
③ 책화
④ 환곡

02 42회 초급

밑줄 그은 '이 종교'로 옳은 것은?

여기에서 최제우가 깨달음을 얻었다고 해.

그는 이 종교를 창시했어.

사람을 하늘처럼 섬기라고 가르쳤지.

① 동학
② 실학
③ 원불교
④ 천주교

03 44회 중급

다음 대화가 있었던 시기의 사실로 옳은 것은?

이보게. 외척인 안동 김씨 가문이 여전히 비변사의 요직을 장악하고 세도를 부리고 있다네.

그러게 말일세. 요즘도 세도 가문에 뇌물을 바치지 않으면 관리가 되기 힘들다고 하네.

① 임술 농민 봉기가 발생하였다.
② 최영이 요동 정벌을 추진하였다.
③ 사림이 동인과 서인으로 나뉘었다.
④ 임꺽정이 지배층의 횡포에 저항하였다.

04 28회 초급

다음 인물 카드의 주인공이 한 일로 옳지 <u>않은</u> 것은?

◆ 고종의 아버지

◆ 어린 고종을 대신하여 통치

◆ 서양 세력의 침입에 대처하고 민생 안정과 왕권 강화를 위한 정책 실시

① 경복궁 중건
② 비변사 폐지
③ 집현전 설치
④ 척화비 건립

05 38회 중급

밑줄 그은 ㉠에 대한 탐구 활동으로 가장 적절한 것은?

○○ 화폐 박물관: 조선 후기

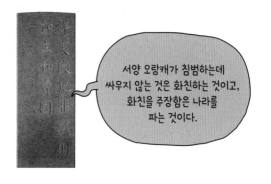 당백전은 ㉠고종 때 왕실 권위를 세우기 위한 정책의 재원을 마련하고자 발행한 것이다. 상평통보의 100배가 되는 고액 화폐이지만 실제 가치는 매우 낮았다. 당백전의 남발로 물가가 오르자 백성들의 원성이 높아지기도 하였다.

① 속대전의 편찬 배경을 알아본다.
② 삼정이정청이 설치된 이유를 파악한다.
③ 백두산정계비의 건립 목적을 살펴본다.
④ 경복궁 중건 사업의 추진 과정을 조사한다.

06 33회 초급

(가)에 들어갈 사건으로 옳은 것은?

돌아온 우리 문화유산

　(가)　때 강화도를 침략한 프랑스군은 외규장각에 있던 왕실의 물품과 책을 약탈해 갔다. 이렇게 빼앗겼던 조선 왕실의 의궤는 프랑스와의 협상을 통해 마침내 우리 품으로 돌아오게 되었다.

① 병인양요　　② 러·일 전쟁
③ 청·일 전쟁　　④ 봉오동 전투

07 42회 초급

(가)에 들어갈 사건으로 옳은 것은?

주제: 　(가)

학습 내용 1 왜 일어났나요?
└ 평양 사람들이 대동강에 침입한 미국 상선 제너럴셔먼호를 불태웠기 때문입니다.

학습 내용 2 어떻게 전개되었나요?
└ 미국은 제너럴셔먼호 사건을 구실로 군함을 보내 강화도를 침략했습니다. 이에 어재연 장군이 이끄는 조선군은 끝까지 맞서 싸웠습니다.

① 병인양요　　② 신미양요
③ 나선 정벌　　④ 아관 파천

08 30회 초급

다음 비석을 세우게 된 계기로 옳은 것은?

서양 오랑캐가 침범하는데 싸우지 않는 것은 화친하는 것이고, 화친을 주장함은 나라를 파는 것이다.

① 갑신정변　　② 갑오개혁
③ 임오군란　　④ 신미양요

4. 근대 국가를 건설하려는 노력

독서 연계 용선생 교과서 한국사 2_72~91쪽

 오늘의 핵심 질문!

강화도 조약에는 어떤 내용이 담겨 있을까?

개화에 대한 당시 사람들의 생각은?

급진 개화파가 정변을 일으킨 까닭은?

동학 농민군은 왜 봉기를 일으켰을까?

1875	**1876**	**1882**	**1884**	**1894**
운요호 사건	강화도 조약 체결	임오군란	갑신정변	동학 농민 운동

STEP 1 ★ 키워드 확인하기

★ 역사반 친구들이 책을 읽고 이야기하고 있어. 【오늘의 키워드】를 보고 문장을 완성해 보자.

【오늘의 키워드】

갑신정변　　강화도 조약　　개화　　동학 농민 운동　　임오군란

용선생 역사반

접속 멤버: 6명

 용선생
근대 국가 건설을 위한
한걸음.

 장하다
운요호 사건의 진실은?

 왕수재
이제는 나라를 새롭게
바꿀 때!

 허영심
밀린 급료로 받은 쌀에
모래가 웬 말!

 곽두기
정권 잡고 3일만에 무
너졌네.

 나선애
파랑새야 파랑새야
녹두밭에 앉지 마라.

 얘들아, '근대 국가를 건설하려는 노력'에서 생각나는 사건을 한 가지씩 이야기해 볼까?

조선은 일본과 최초의 근대적 조약인 ㉠ [   ]을 맺고 외국에 문을 열었어요.

 이후 고종은 서양의 문물을 받아들여 나라를 새롭게 바꾸려는 ㉡ [   ] 정책을 실시했어.

↳ 한편 신식 군대인 별기군에 비해 차별을 받던 구식 군인들이 ㉢ [   ]을 일으키기도 했어.

급진 개화파는 조선을 빠르게 서양식 근대 국가로 바꾸기 위해 ㉣ [   ]을 일으켰어. 하지만 청나라의 개입으로 실패했지.

 동학교도와 농민들은 보국안민, 제폭구민을 내세우며 ㉤ [   ]을 일으켰어. 관군과 일본군은 동학 농민군을 무자비하게 진압했어.

STEP 2 ★ 핵심 문제 풀기

01 아래 조약에 대한 설명으로 알맞은 것은 무엇일까? ( )

> 제1조 조선은 자주국이며 일본과 평등한 권리를 갖는다.
>
> 제4조 부산을 포함한 조선의 항구 세 곳에서 일본 사람들이 장사를 할 수 있도록 한다.
>
> 제7조 일본 사람이 조선의 해안을 자유롭게 측량할 수 있다.
>
> 제10조 일본 사람이 조선에서 지은 죄가 조선 사람과 관련된 경우 일본 관리가 심판한다.

① 조선은 조약을 맺고 모든 항구를 일본에 열게 되었어.

② 조선이 외국과 맺은 최초의 근대적 조약이야.

③ 조선과 일본이 동등한 입장에서 맺은 평등 조약이야.

④ 제너럴셔먼호 사건을 계기로 통상 조약을 맺었어.

02 다음 사건으로 일어난 일이 <u>아닌</u> 것은 무엇일까? ( )

난 옷도 총도 다 새 거야. 구식 군인과는 차원이 다르지!

같은 군인인데 이렇게 차별해도 되는 거냐!

못 먹는 쌀

별기군

구식 군인

구식 군인들은 별기군에 비해 차별을 받았다. 1년 넘게 급료도 밀렸는데, 겨우 받은 쌀에 겨와 모래가 섞여 있자 불만이 터져 나와 반란을 일으켰다.

① 구식 군인들은 별기군을 훈련시키던 일본인 교관을 살해했어.

② 청나라 군대가 왕비 민씨를 납치하고 반란을 진압했지.

③ 청나라는 조선에 군대를 주둔시키고 내정을 간섭하기 시작했어.

④ 일본은 조선에 피해를 보았다며 배상금을 요구했어.

03 개화를 둘러싼 두 흐름을 정리했어. 빈칸에 들어갈 알맞은 내용을 써 보자.

개화파의 두 흐름		
㉠	구분	급진 개화파
김홍집, 김윤식, 어윤중	대표 인물	㉡
청나라에 의지하면서, 조선의 제도와 사상을 유지하고 서양의 기술만 받아들이자.	주장	㉢

04 다음 인물들이 주도해 일으킨 사건으로 알맞은 것은 무엇일까?　　　　　(　　　　)

우리는 조선을 바르게 서양식 근대 국가로 바꿔야 한다고 생각했어. 그래서 우정총국의 개국을 축하하는 날에 정변을 일으켰지.

① 갑신정변
② 강화도 조약
③ 임오군란
④ 동학 농민 운동

05 다음은 동학 농민 운동의 과정을 담은 카드야. 일어난 순서대로 나열해 보자.

(가) 전봉준의 고부 봉기

(나) 청일 전쟁

(다) 청나라와 일본의 군대 파병

(라) 동학 농민군의 전주성 점령

(마) 우금치 전투

(바) 동학 농민군의 폐정 개혁안 제시

(   ) → (   ) → (다) → (   ) → (나) → (   )

★ 다음은 동학 농민 운동에 관한 글이야. (가), (나)의 이야기를 읽고 물음에 알맞은

글을 써 보자.

(가) # 농민들의 *성토 대회

사회자: 여러분이 탐관오리나 양반, 부자들에게 당한 억울한 일에 대해
　　　말씀해 주십시오.

농민1: 여기 계신 분들 다 마찬가지겠습니다만, 세금 때문에 나라고 뭐고
　　　다 싫습니다. 나라가 백성들 굶어 죽지는 않게 해 줘야 하는 거 아
　　　닙니까! 그런데 세금 때문에 굶어 죽을 판입니다.

농민2: 우리 고을의 사또는 1년에 세금을 몇 번을 거둬 가는지 모르겠습
　　　니다. 세금을 걷을 때마다 세금의 이름은 다른데, 우리 같은 농민
　　　들이 뭐라고 말할 수도 없고.

농민3: 저희 *조부모님은 관노비였습니다요. 관노비가 없어진 지 100년이
　　　다 되어 가는데 저는 아직도 천민 취급을 받고 있고, 저희 자식들
　　　서당에도 보내기가 힘듭니다요.

농민4: 관노비뿐이겠습니까. 다른 나라 얘기를 들어 보니 양반이고 노비
　　　고 이제 다 없답니다. 새 세상이 열렸는데, 우리만 아직 양반입네
　　　노비네 하고 있는 거랍니다!

농민5: 저는 외국에서 온 상인들도 문제라고 봅니다. 특히 일본 상인들이 쌀
　　　을 마구잡이로 사들여서 땅 많은 부자들이야 이득을 좀 봤을지 몰라
　　　도 우리 같은 농민들은 자기가 농사지은 쌀도 못 먹을 판입니다!

사회자: 역시 많은 문제가 있는 것 같습니다. 우리의 의견을 모아 정부에
　　　전달하도록 합시다!

농민들: 옳소! 옳소!

성토 여러 사
람이 모여 어떤
잘못을 소리 높
여 따지고 나무
라는 거야.

조부모 할아버
지와 할머니를
말해.

(나) 농민군 폐정 개혁안

동학 농민 운동을 일으킨 농민군은 정부에 잘못된 정치를 개혁하는 '폐정 개혁안'을 제시하였다. 그리고 각자 자기 지역으로 돌아가 *자치적으로 개혁안을 실행하였다.

폐정 개혁안의 주요 내용은 다음과 같다.

- 농민군은 정부와의 원한을 씻고 나랏일에 협력한다.
- 탐관오리는 죄를 조사하여 엄중히 처벌한다.
- 부자들과 양반의 횡포를 막는다.
- 노비 문서를 불태우고 천민에 대한 차별을 개선한다.
- 젊어서 과부가 된 여성의 재혼을 허락한다.
- 정해진 항목 이외에 마구 걷는 세금을 금지한다.
- 일본과 통하는 자는 엄중히 처벌한다.

오지영의 『동학사』 중에서

자치 자기들 일을 스스로 해 나가는 것을 말해.

01 (가)를 읽고 동학 농민 운동이 일어날 당시 농민들의 상황을 정리해 보자.

세금	㉠
신분 차별	㉡
외세의 침입	㉢

02 (나)에서 동학 농민 운동의 농민군이 제시한 폐정 개혁안의 내용을 정리해 보자.

정치	나랏일에 협조할 것이며, 탐관오리는 엄중히 처벌할 것.
경제	㉠
사회	㉡
외교	㉢

03 (가)와 같은 농민들의 상황을 상상하며, 동학 농민 운동의 지도자가 되어 개혁안을 만들어 보자.

첫째, 정부가 개혁안을 지킨다면 우리도 나랏일에 협력할 것이다.

위기에 빠진 나라를 구합시다!

[한국사능력검정시험] 기출 문제

날짜 :　　　월　　　일

점수 :　　　　　/8

01 32회 초급

(가)에 들어갈 내용으로 옳은 것은?

인물 한국사

나라를 걱정한 선비, 최익현

-목차-

성리학을 공부하다 ····················· 4

개항에 반대하는 상소를 하다 ······· 10

| (가) | ····················· 19 |

---

① 독립신문을 발행하다.

② 항일 의병을 일으키다.

③ 물산 장려 운동을 이끌다.

④ 국채 보상 운동을 주도하다.

02 45회 초급

밑줄 그은 '이 사건'으로 옳은 것은?

① 105인 사건　　② 운요호 사건

③ 헤이그 특사 사건　④ 제너럴셔먼호 사건

03 35회 초급

(가) 조약의 내용으로 옳은 것은?

주제: | (가) |

1. 조약의 성격
 운요호 사건을 계기로 일본과 체결한 이 조약은 조선이 외국과 맺은 최초의 근대적 조약이었으나 불평등 조약이었다. (중략).

---

① 통감부 설치

② 일본에 배상금 지불

③ 일본인의 치외법권 인정

④ 일본군의 조선 주둔 허용

04 29회 중급

밑줄 그은 '이 사건'의 결과로 옳은 것은?

① 청의 내정 간섭이 심화되었다.

② 집강소가 설치되어 폐정 개혁이 추진되었다.

③ 정부와 농민군 사이에 전주 화약이 이루어졌다.

④ 개화 정책을 추진하기 위해 통리기무아문이 설치되었다.

05 44회 초급

(가)에 해당하는 가상 우표로 적절한 것은?

**근대 우편 제도의 도입
100주년 기념 우표 발행**

(가)

· 발행 일자: 1984년 ○○월 ○○일
· 발행 목적: 최초의 근대 우편 업무를 담당했던 기관 설립 100주년을 기념하기 위해 이 우표를 발행합니다.

---

① 광혜원
② 원각사
③ 환구단
④ 우정총국

06 43회 초급

다음 가상 대화에서 말하고 있는 사건으로 옳은 것은?

어제 우정총국 개국 축하연에서 큰일이 벌어졌다는 소식 들었는가?

김옥균을 중심으로 한 개화당이 벌인 일이라고 들었네.

① 갑신정변
② 을미사변
③ 정미의병
④ 아관 파천

07 47회 초급

(가)에 대한 설명으로 옳은 것은?

(가) 의 국가 기념일,
5월 11일로 지정되다.

정부는 농민군이 황토현에서 관군을 물리친 5월 11일(음력 4월 7일)을 국가 기념일로 지정하였다. (가) 은/는 1894년 제폭구민과 보국안민을 기치로 부패한 정치를 개혁하고 외세에 맞서 싸우기 위해 봉기한 사건이다.

---

① 별기군을 창설하는 계기가 되었다.
② 대구에서 시작하여 전국으로 확산되었다.
③ 조선 총독부의 탄압과 방해로 실패하였다.
④ 집강소를 중심으로 폐정 개혁안을 실천하였다.

08 39회 중급

다음 연극에서 볼 수 있는 장면으로 적절하지 <u>않은</u> 것은?

연극 제목: 새야 새야 파랑새야

1. 기획 의도
  탐관오리의 폭정에서 백성을 구하고 외세의 간섭으로부터 나라를 지키고자 했던 동학 농민군의 열망과 노력을 연극으로 재구성하여 대중에게 알린다.

2. 장면
1. 고부에서 봉기를 이끄는 전봉준

---

① 정주성을 점령하는 홍경래
② 농민 봉기의 진상을 조사하는 안핵사
③ 조선에서 청군을 기습 공격하는 일본군
④ 농민군과 전주 화약을 체결하는 정부 관리

② 일제의 침략에 맞선 노력

교과 연계
초등 사회[5-2] 2-2. 일제의 침략과 광복을 위한 노력
중학 역사② Ⅵ. 근·현대 사회의 전개

한국광복군 결성식
1940년에 만들어진 대한민국 임시 정부의 군대야.
중국의 지원을 받은 한국광복군은 미국, 영국과
함께 작전을 수행하기도 했어.

1. 나라를 지키기 위한 노력

독서 연계 용선생 교과서 한국사 2_94~113쪽

 오늘의 핵심 질문!

일본은 조선을 침략하면서
어떤 만행을 저질렀을까?

고종이 러시아 공사관에서
돌아와 한 일은?

헤이그 특사의 임무는 무엇이었을까?

나라를 지키기 위해 백성들은
어떤 노력을 했을까?

1894	1895	1896	1897	1905	1909
갑오개혁	을미사변	아관 파천, 독립 협회 설립	대한 제국 수립	을사늑약 체결	안중근, 이토 히로부미 사살

⭐ 역사반 친구들이 책을 읽고 이야기하고 있어. **오늘의 키워드** 를 보고 문장을 완성해 보자.

오늘의 키워드

대한 제국   독립 협회   안중근   을사늑약   헤이그 특사

용선생 역사반

접속 멤버: 6명

용선생
나라의 권리를 지켜라!

곽두기
누구나 가능한
사회 문제 꼬집기!

허영심
옛것 위에 새로운 것을
더하자!

장하다
나라를 팔아 버린
을사오적.

왕수재
멀리 네덜란드까지
갔지만….

나선애
코레아 우라!

'나라를 지키기 위한 노력'에서 생각나는 것을 한 가지씩 얘기해 볼까?

나라의 권리가 침탈당하자 백성들은 이를 되찾아야 한다고 생각했어요. 정부 관리와 지식인들은 ㉠ [   ] 를 만들고, 만민 공동회를 열었죠. 백성의 의식은 더욱 성장했어요.

 고종은 ㉡ [   ] 을 선포했어. 이제 조선은 황제가 다스리는 나라로 나라의 독립을 지키겠다는 의지를 널리 알린 거야.

하지만 일본은 ㉢ [   ] 을 강제로 체결해 대한 제국의 외교권을 박탈했어.

 고종은 외교적으로 을사늑약의 부당함을 호소하려 했지만, 일본은 ㉣ [   ] 를 보냈다는 이유로 고종을 강제로 황제 자리에서 끌어내렸어.

국권을 회복하기 위해 의병 항쟁과 애국 계몽 운동이 일어났어. 북간도로 간 ㉤ [   ] 은 한국 침략에 앞장섰던 이토 히로부미를 사살했지.

01 다음은 갑오개혁 이후의 사건을 설명한 글이야. 알맞지 <u>않은</u> 것은 무엇일까?　　　(　　　)

① 갑오개혁으로 과거제와 신분제가 폐지되고 국왕의 권한이 제한됐어.

② 삼국 간섭으로 일본의 영향력이 약해지자 일본은 조선의 왕비를 시해했어.

③ 을미사변 이후 음력을 쓰고 장발령도 시행됐지.

④ 신변의 위협을 느낀 고종은 러시아의 공사관으로 거처를 옮겼어.

02 독립 협회와 관련된 자료들이야. 관련 있는 것들을 알맞게 짝지어 보자.

(가) •

(나) •

(다) •

㉠ 만민 공동회	㉡ 『독립신문』	㉢ 독립문

① 청나라 사신을 맞이하던 영은문을 헐고 그 자리에 세운 건축물이야. 백성들의 성금을 모아 만들었어.

② 백성들이 모여서 자기 생각을 표현할 수 있었던 민중 대회야. 조선 사회의 여러 문제에 대해 자기 생각을 이야기했어.

③ 서재필이 나라 안팎의 소식을 널리 알리려고 만든 매체야. 한글과 영어 두 종류로 제작했어.

03 대한국 국제를 반포한 나라에 대한 설명으로 맞은 것은 O, 틀린 것은 X해 보자.

(1) 나라의 이름은 대한민국이다. (O / X)

(2) 고종은 경복궁에서 황제 즉위식을 가졌다. (O / X)

(3) '광무'라는 연호를 사용했다. (O / X)

(4) 고종은 '위정척사'를 개혁의 원칙으로 삼고 정책을 추진했다. (O / X)

04 아래 노트 필기의 빈칸을 알맞게 채워 보자.

○ 사건명: 을사늑약

○ 사건 일시: 1905년 11월 17일

○ 관련 인물: ㉠ㅇㅌ ㅎㄹㅂㅁ, 고종, 을사오적

○ 사건 내용: 고종과 대신들을 위협해 조선이 일본의 보호를 받는다는 내용의 협약을 강제로 체결하게 함. 이로써 일본은 대한 제국의 ㉡ㅇㄱㄱ을 빼앗고 통감부를 만들어 대한 제국의 국내 정치를 통제하고 감독하게 됐음.

○ 사건에 대한 비판: ㉢ㄱㅈ의 동의 없이 이루어졌다는 점, 한일 양국의 평화적인 절차가 아닌 일본의 위협과 강제에 의해 맺어졌다는 점, 대한 제국의 법률을 무시했다는 점에서 정식 조약으로 인정할 수 없음.

○ 사건 대응과 결과: 만국 평화 회의에 ㉣ㅎㅇㄱ ㅌㅅ를 파견하여 을사늑약의 부당함과 대한 제국의 상황을 알리려고 했으나, 일본의 방해로 회의에 참석하지 못함. 일본은 이를 빌미로 고종을 황제의 자리에서 물러나게 함.

㉠ _____   ㉡ _____

㉢ _____   ㉣ _____

05 나라를 지키기 위해 노력한 사람들이야. 인물에 대한 설명을 바르게 연결해 보자.

(가) 베델

(나) 정미의병

(다) 안중근

⊙ 한국 침략에 앞장섰던 이토 히로부미를 하얼빈에서 권총으로 사살했어.

ⓒ 고종이 강제로 자리에서 물러나고 군대가 해산되자 일어난 의병이야.

ⓒ 『대한매일신보』를 창간해 일본의 침략 행위를 비판하고 의병 활동을 알렸어.

06 의병 항쟁과 애국 계몽 운동에 대한 설명으로 알맞지 <u>않은</u> 것은 무엇일까?　(　　　)

① 해산된 대한 제국의 군인들이 의병에 합류하면서 의병의 전투력이 향상됐어.

② 전국의 의병들이 연합하여 '13도 창의군 서울 진공 작전'을 계획했어.

③ 이승훈과 안창호는 민족의 실력을 키우고자 의병 부대를 조직했어.

④ 국민들이 나라의 빚을 갚자는 국채 보상 운동이 벌어지자 『대한매일신보』 등이 동참하며 전국적으로 확대되었어.

★ 다음은 대한 제국에 관한 글이야. (가), (나)의 이야기를 읽고 물음에 알맞은 글을 써 보자.

(가) 1897년 10월 12일

황제 폐하의 즉위식으로 아침부터 매우 분주한 하루였다. 그렇다! 이제 조선의 국왕이 아니라 대한 제국의 황제 폐하이시다! 오늘 즉위식은 환구단에서 진행했다. 환구단은 하늘에 제사 지내는 곳이라 천자인 중국의 황제만 만들 수 있는 곳이었다. 하지만 이제 우리 대한 제국도 황제의 제단인 환구단을 만들어 온 천하에 황제국임을 선포하신 것이다.

황제께서는 얼마 전부터 *'구본신참'의 뜻으로 개혁을 추진해 오셨다. 군사력을 증강하는 데 힘을 쏟아 서울과 지방의 군대를 확대 개편했는데, 일본의 압박에서 벗어나려면 무엇보다 군사력이 중요하기 때문이다.

또 외교적인 노력도 아끼지 않으셨다. 미국, 러시아, 프랑스, 독일 등 서양의 여러 나라에 사절을 보내고, 또 그 나라의 외교관들을 불러 자주 모임을 가지신다. 예전에는 중국의 인정만 받으면 되었지만, 이제는 우리나라가 자주국임을 전 세계에 인정받아야 하기 때문이다.

폐하께서는 산업을 발전시키기 위해 공장을 설립하게 하셨다. 또 유학생을 파견하여 청나라와 일본에서 서양의 기술을 배워 오게도 하셨다. 외국의 선교사들을 받아들여 서양식의 학교와 병원도 들어섰다.

하지만 이러한 황제 폐하의 뜻을 모르고 다른 소리를 하는 무리들이 있다. *'민권'이라는 말을 내세우며 백성들의 권리를 *신장해야 한다는 것이다. 언제부터 이 나라에 백성들의 권리 따위가 있었단 말인가! 대한 제국의 모든 것이 황제 폐하의 것이며, 모든 사람이 황제 폐하의 신하가 아닌가 말이다. '민권'이라니! 어림없는 소리다. 우리 대한 제국이 살 길은 폐하께 모든 권력을 집중시켜 개혁을 추진하는 길밖에 없다.

가상의 대한 제국 관리가 쓴 일기

구본신참 옛것을 바탕으로 두고 새로운 것을 받아들인다는 뜻이야.

민권 국민이 가지는 권리를 말해. 사회로부터 보호받고 또 주인으로 나설 권리를 말하지.

신장 세력이나 권리가 늘어나는 거야.

(나) 고종은 대한 제국을 선포하고 대한 제국의 기본이 되는 대한국 국제를 반포하였다. 아래는 대한 제국의 대한국 국제와 현재 대한민국의 헌법이다.

대한국 국제

제1조 대한국은 세계 만국에 공인된 자주독립 제국이다.

제2조 대한 제국의 정치는 만세토록 변하지 않을 *전제 정치이다.

제3조 대한국 황제는 무한한 군주권을 지니고 있다.

제6조 대한국 황제는 법률을 제정할 수 있고, … 법률을 개정할 권리를 가진다.

대한민국 헌법

제1조 ① 대한민국은 민주 공화국이다.

② 대한민국의 주권은 국민에게 있고, 모든 권력은 국민으로부터 나온다.

제11조 ① 모든 국민은 법 앞에 평등하다.

제40조 *입법권은 국회에 속한다.

전제 정치 나라의 권력을 한 사람이 장악해서 제약 조건 없이 다스리는 걸 말해.

입법권 법을 제정하는 권리야.

01 (가)의 내용을 토대로 대한 제국이 실시한 개혁에 대해 정리해 보자.

	내용
나라 이름	㉠
개혁 이념	구본신참. 옛것을 근본으로 하고 새로운 것을 참고함.
정치	황제국이 되었음.
군사	㉡
산업	㉢
사회	근대적 교육 기관과 의료 기관 설립.

02 (나)를 읽고 '대한국 국제'와 '대한민국 헌법'이 어떻게 다른지 표를 완성

해 보자.

	대한국 국제	대한민국 헌법
정치 체제	황제가 무한한 권력을 갖는 전제 정치.	㉠
나라의 주권	황제가 무한한 군주권을 가짐.	㉡
입법권	㉢	국회가 가지고 있음.

03 위에서 정리한 내용을 토대로 대한 제국의 개혁 내용을 쓰고 한계를 지적해

보자.

_____

_____

_____

_____

_____

_____

_____

모든 권한은
이 황제로부터 나오는
것이니라!

01 46회 초급

(가)에 들어갈 사건으로 옳은 것은?

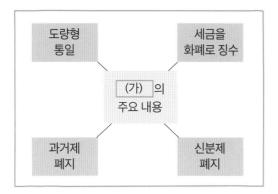

```
도량형          세금을
통일           화폐로 징수

        (가) 의
        주요 내용

과거제          신분제
폐지            폐지
```

① 갑신정변　　② 갑오개혁
③ 을미사변　　④ 아관 파천

02 49회 기본

다음 사건이 일어난 시기를 연표에서 옳게 고른 것은?

아침 7시가 될 무렵 왕과 세자는 궁녀들이 타는 가마를 타고 몰래 궁을 떠났다. 탈출은 치밀하게 계획된 것이었다. 1주일 전부터 궁녀들은 몇 채의 가마를 타고 궐문을 드나들어서 경비병들이 궁녀들의 잦은 왕래에 익숙해지도록 했다. 그래서 이른 아침 시종들이 두 채의 궁녀 가마를 들고 나갈 때도 경비병들은 특별히 신경 쓰지 않았다. 왕과 세자는 긴장하며 러시아 공사관에 도착했다.

F. A. 매켄지의 기록

1863	1871	1884	1895	1904
(가)	(나)	(다)	(라)	
고종 즉위	신미 양요	갑신 정변	을미 사변	러일 전쟁

① (가)　② (나)　③ (다)　④ (라)

03 42회 초급

(가) 단체의 활동으로 옳은 것은?

모금 공고

[　(가)　]은/는 독립문과 독립 공원 조성을 위한 기금을 모으고 있습니다. 많은 동참 바랍니다.
모금 기간: 1896년 ○○월 ○○일~

서재필, 이상재 등이 모여 창립한 단체라는군.

① 태극 서관을 운영하였다.
② 만민 공동회를 개최하였다.
③ 헤이그에 특사를 파견하였다.
④ 신흥 무관 학교를 설립하였다.

04 47회 기본

(가)에 들어갈 문화유산으로 옳은 것은?

(가) | 1897년 고종이 하늘에 제사 지내고 황제 즉위식을 거행한 장소이다. 국권 피탈 이후 일제가 헐어 버렸고, 현재는 부속 건물인 황궁우가 남아 있다.

①
종묘

②
광혜원

③
사직단

④
환구단

05 38회 초급

다음 가상 일기를 통해 알 수 있는 사건의 배경으로 옳은 것은?

> ○○○○년 ○○월 ○○일
>
> 황제 폐하의 특사로서 이곳 네덜란드 헤이그에 도착하였다. 나의 임무는 만국 평화 회의에 참석하여 우리나라의 상황을 세계에 알리는 것이다. 이제부터 여러 나라의 대표들을 만나 도움을 요청해 보아야겠다.

① 신간회가 결성되었다.
② 을사늑약이 체결되었다.
③ 조선 총독부가 설치되었다.
④ 6·29 민주화 선언이 발표되었다.

06 41회 초급

(가)에 들어갈 내용으로 옳지 <u>않은</u> 것은?

① 해산된 군인들이 합류하였습니다.
② 서울을 향해 진격 작전을 벌였습니다.
③ 곽재우가 의병장으로 활약하였습니다.
④ 13도 의병의 연합 부대가 만들어졌습니다.

07 33회 초급

(가)에 들어갈 내용으로 옳은 것은?

① 3·1 운동　　　② 국채 보상 운동
③ 6·10 만세 운동　④ 광주 학생 항일 운동

08 33회 초급

다음 인물에 대한 설명으로 옳은 것은?

> 이달의 역사 인물
>
> **안 중 근**
> (1879~1910)
>
>
>
> • 학교를 세워 교육 운동에 헌신
> • 연해주에서 의병장으로 활약
> • 동지들과 함께 단지회 조직

① 하얼빈에서 이토 히로부미를 처단하였다.
② 샌프란시스코에서 스티븐스를 저격하였다.
③ 청산리 전투에서 일본군을 크게 무찔렀다.
④ 도쿄에서 일본 국왕을 향해 폭탄을 던졌다.

2. 3·1 운동과 대한민국 임시 정부 수립

독서 연계
용선생 교과서 한국사 2_114~133쪽

 오늘의 핵심 질문!

일제는 한국을 어떻게 다스렸을까?

일제가 토지 조사 사업을 실시한 이유는?

전국에서 만세 시위가 일어난 까닭은?

대한민국 임시 정부는 어떻게 세워졌을까?

1910	1911	1912	1919
국권 피탈	105인 사건	토지 조사령 공포	3·1 운동, 대한민국 임시 정부 수립

★ 역사반 친구들이 책을 읽고 이야기하고 있어. 오늘의 키워드 를 보고 문장을 완성해 보자.

오늘의 키워드

대한민국 임시 정부   무단 통치   3·1 운동   신민회   조선 총독부

용선생
역사반

접속 멤버: 6명

 용선생
나라를 지키기 위해 어떤 노력을 했을까?

 곽두기
일제의 식민 지배에 반대한다!

 허영심
억울하게 빼앗긴 땅.

 장하다
노블레스 오블리주의 실천!

 나선애
탑골 공원에 가봤니?

 왕수재
대한민국의 뿌리!

 '3·1 운동과 대한민국 임시 정부 수립'에서 기억나는 것을 한 가지씩 얘기해 볼까?

일제가 한일 병합 조약을 맺어 대한 제국의 주권을 빼앗고, ⓐ 를 설치해 다스렸어요.

 일제는 칼과 몽둥이를 앞세우는 'ⓑ '로 한국인을 통제했어. 또 토지 조사 사업을 실시해 농민들의 땅을 빼앗았지.

안창호, 양기탁, 신채호 등은 비밀 조직인 ⓒ 를 세웠어. 이들은 학교를 세워 인재를 키우고, 국외에 무관 학교와 독립군 기지를 세웠지.

1919년 ⓓ 이 서울에서 시작해 전국으로 퍼져 나갔어. 많은 사람들이 거리에 나와 "대한 독립 만세"를 외쳤지!

 3·1 운동 이후 나라 안팎에 임시 정부가 세워졌어. 그리고 1919년 9월 세 정부가 통합된 ⓔ 가 수립되었어.

01 아래의 토론 주제와 관련된 내용으로 알맞지 <u>않은</u> 것은 무엇일까? (   )

> 주제   1910년대 일제의 무단 통치

① 처음으로 부산, 인천, 원산의 항구를 일본에 열었어.

② 군인 경찰인 헌병이 한국인을 감시했어.

③ 조선 태형령을 만들어 한국인을 처벌했어.

④ 조선 총독부를 세워 식민지 조선을 다스렸어.

02 밑줄 친 이것으로 알맞은 것을 보기 에서 찾아 써 보자.

> 보기
>
> 조선 태형령   국가 총동원법
>
> 토지 조사 사업   산미 증식 계획

03 빈칸에 들어갈 단체에 대한 설명으로 알맞지 <u>않은</u> 것은 무엇일까? ( )

7월의 독립 운동가

안창호

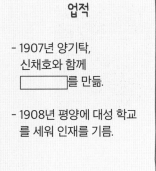

업적

- 1907년 양기탁, 신채호와 함께 [   ]를 만듦.

- 1908년 평양에 대성 학교를 세워 인재를 기름.

① 『독립신문』을 창간했어.

② 105인 사건으로 없어지고 말았어.

③ 오산 학교를 세워 인재를 키워 냈어.

④ 국외에 무관 학교와 독립군 기지를 세웠어.

04 빈칸에 들어갈 단어로 알맞은 것을 써 보자.

제1차 세계 대전이 끝난 뒤, 미국 대통령 윌슨은 [ㅁㅈ ㅈㄱㅈㅇ]를 내세워 자기 민족의 일은 그 민족 스스로가 결정해야 한다고 했다. 이러한 주장은 식민지 국가에게 독립의 희망을 주었고, 3·1 운동이 일어나는 자극제가 되었다.

자기 민족의 일은 그 민족이 스스로 결정해야 합니다!

일본 식민지에서 벗어날 수 있겠어!

오예~

05 〈3·1 운동 사진전〉에서 볼 수 있는 사진으로 알맞지 <u>않은</u> 것은 무엇일까?　　(　　)

①
미국 필라델피아 만세 시위

②
유관순

③
불에 탄 제암리 교회

④
만민 공동회

06 다음을 읽고 ㉠에 들어갈 내용으로 알맞은 것을 써 보자.

기자: 1919년 9월, 상하이와 경성, 연해주에 있던 임시 정부가 하나로 통합됐습니다. 대한민국 임시 정부는 중국 상하이에 근거지를 두었는데요. 그곳에 근거지를 둔 이유가 있나요?

임시 정부 관리: 상하이는 　　　　㉠

★ 다음은 1910년대 일제의 경제 수탈에 관한 글이야. (가), (나)의 이야기를 읽

고 물음에 알맞은 글을 써 보자.

(가)

기자: 1910년부터 토지 조사 사업 실시를 주도한 조선 총독부 관리를 만

나 보겠습니다. 이 사업을 실시한 이유는 무엇인가요?

관리: 토지 조사 사업은 한국에서 토지 소유권을 분명하게 하기 위해 실

시되었습니다. 이 사업으로 지주는 토지 소유권을 보호 받을 수 있

어 토지 매매와 이용이 자유로워졌습니다.

기자: 최근 조선 총독부가 *공포한 회사령이 한국인의 경제 활동을 제한

한다는 지적이 있습니다. 어떻게 보시는지요?

관리: 회사령은 한국에서 회사를 설립할 경우 조선 총독부의 허가를 받

도록 한 법입니다. 따라서 법과 경제를 모르고, 또 지식과 경험이

부족해 회사를 운영해 나갈 수 없는 한국인들에게는 오히려 실패

의 경험을 줄일 수 있게 하지요. 또한 일본인 자본가에게도 한국을

잘 몰라 입을 손해를 줄이게 하고요. 즉 회사령은 한국에서 한국인

이 세운 회사나 일본인이 세운 회사나 모두 잘 운영하라고 만든 법

이니 오해 말기 바랍니다.

기자: 이상 토지 조사 사업과 회사령 실시에 대한 조선 총독부의 입장을

들었습니다.

공포 나라에서
정한 법률이나
조약 등을 국
민에게 알리는
거야.

(나) 일제는 1910년대에 한국의 경제를 침탈하기 위해 토지 조사 사업을

실시했다. 본래 한국은 토지의 주인이 아니어도 같은 땅에서 계속 농사

를 지을 수 있는 권리인 경작권이 인정되어 지주가 마음대로 농민을 내

쫓기 힘들었다. 하지만 일제의 토지 조사 사업 실시로 지주의 토지 소유

권만 인정되어 수백만의 농민들이 경작권을 빼앗기고 땅에서 쫓겨나거나

비싼 소작료를 내는 소작농이 되었다.

　뿐만 아니라 일제는 신고 되지 않은 땅과 왕실이나 관청에 속한 땅을 모두 *국유지로 만들어 일본의 토지 회사나 일본인 지주에게 싼값에 넘겼다.

　또한 일제는 한국인의 기업 활동을 제한하기 위해 회사령을 실시했다. 한국에서 회사를 세우기 위해서는 총독의 허가를 받아야 했는데, 이는 회사를 자유롭게 설립하게 한 일본 본국의 법과 차이가 있다.

　1910~1919년 회사 설립 상황을 보면 한국 회사는 27개에서 63개로 소폭 증가한 반면, 일본 회사는 109개에서 280개로 큰 폭으로 증가해 일제가 상대적으로 한국인의 회사 설립을 불리하게 적용했음을 알 수 있다.

국유지 나라가
임자인 땅이야.

01 (가)와 (나)를 읽고 아래의 빈칸을 채워 보자.

	토지 조사 사업	회사령
일제가 실시한 표면적 이유	근대적 토지 소유권을 확립하기 위해 실시.	한국인이 지식과 경험이 부족해 회사 조직의 사업을 경영할 수 없고, 일본인 자본가가 손해를 입을 우려 때문에.
정책의 실상	수백만의 농민들을 소작농으로 만듦.	㉠
	㉡	일본 회사에 설립 허가를 많이 내어 줌.

02 (나)를 읽고 1910년대에 볼 수 있었던 모습으로 알맞은 것은 무엇일까?

(   )

① 농민의 경작권을 인정해 준 일본인 지주

② 자유롭게 회사를 설립한 한국인

③ 일본인에게 싼값에 토지를 넘기는 조선 총독부

④ 일본인의 회사 설립을 무조건 막는 조선 총독부 관리

03 (가), (나)를 읽고 1910년대 지식인이 되어 외국 신문에 일제의 토지 조사

사업과 회사령 정책의 실상을 *고발하는 글을 써 보자.

고발 개인의 잘
못이나 사회의
잘못된 일을 널
리 알리는 거야.

일제의 실상을
전 세계에 알려야 한다!

01 46회 초급

(가)에 들어갈 기구로 옳은 것은?

이것은 광복 50주년을 맞아 일제 식민 통치의 최고 기구였던 (가) 청사를 철거하고 남은 첨탑입니다.

① 조선 신궁　　② 조선 총독부

③ 종로 경찰서　④ 동양 척식 주식회사

02 33회 중급

다음 법령이 시행된 시기에 볼 수 있는 모습으로 적절한 것은?

제1조 3월 이하의 징역 또는 구류에 처하여야 할 자는 그 정상에 의해 태형에 처할 수 있다.
제13조 본령은 조선인에 한하여 이를 적용한다.
태형집행심득 제1조 수형자를 형판 위에 엎드리게 하고 그 자의 양팔을 좌우로 벌리게 하여 형판에 묶고 양다리를 같이 묶은 후 볼기 부분을 노출시켜 태로 친다.

① 황국 신민 서사를 암송하는 학생

② 조선인의 집회를 단속하는 헌병 경찰

③ 치안 유지법 위반으로 구속된 독립운동가

④ 국민 징용령에 따라 탄광으로 강제 동원 되는 노동자

03 44회 초급

(가)에 들어갈 내용으로 옳은 것은?

그림으로 보는 일본의 경제 수탈

일본인들이 우리 땅을 측량하고 있네.

값싼 한국 땅을 사서 나도 이제 지주가 되었어!

내년에는 소작을 얻을 수 있을는지.

(가)

① 지계 발급

② 농지 개혁법 추진

③ 산미 증식 계획 수립

④ 토지 조사 사업 실시

04 36회 초급

다음 자료에 해당하는 인물로 옳은 것은?

○ 나라를 빼앗기자 전 재산을 팔아 독립운동 자금을 마련하다.
○ 만주 삼원보에 신흥 강습소를 세워 독립군을 길러 내다.
○ 광복을 보지 못하고 중국 땅에서 일제의 모진 고문 끝에 순국하다.

① 김구　　　　② 안창호

③ 이봉창　　　④ 이회영

05 35회 중급

다음의 (가)에 들어갈 인물로 옳은 것은?

> (가)
>
> <연보>
> · 1878년 평안도 강서 출생
> · 1907년 신민회 조직
> · 1908년 대성 학교 설립
> · 1913년 흥사단 조직
> · 1937년 수양 동우회 사건으로 투옥
> · 1938년 서울에서 별세

① 김원봉

② 안창호

③ 여운형

④ 윤봉길

06 46회 초급

(가)에 들어갈 사건으로 옳은 것은?

> **1919년 2월 8일**
>
> 이날 일본 도쿄에서 우리나라 유학생들이 독립 선언서를 발표하였습니다. 이 사건은 국내에 자극을 주어 일제 강점기 최대의 민족 운동인 ___(가)___ 의 도화선이 되었습니다.

① 3·1 운동 ② 브나로드 운동
③ 국채 보상 운동 ④ 동학 농민 운동

07 43회 초급

(가)에 들어갈 내용으로 적절한 것은?

> 답사 계획서
>
> · 주제: ___(가)___
> · 날짜: 202X년 ○○월 ○○일
> · 모둠별 답사 장소
>   1 모둠 | 서울 종로 태화관 터, 탑골 공원
>   2 모둠 | 화성 제암리 순국 유적지
>   3 모둠 | 천안 아우내 장터

① 3·1 운동의 현장을 찾아서
② 대한 제국의 흔적을 찾아서
③ 한인 애국단의 숨결을 찾아서
④ 6·10 만세 운동의 발자취를 따라서

08 30회 초급

다음 민족 운동의 영향으로 옳은 것은?

탑골 공원에서 학생 대표가 독립 선언서를 낭독하였다.

학생들과 시민들이 적극 참여하였다.

일제는 만세 시위를 탄압하였다.

전국 방방곡곡, 국외까지 확산되었다.

① 황성신문이 폐간되었다.
② 동학 농민 운동이 일어났다.
③ 대한 제국 군대가 해산되었다.
④ 대한민국 임시 정부가 세워졌다.

3. 식민 통치의 변화와 독립운동의 전개

독서 연계
용선생 교과서 한국사 2_134~153쪽

오늘의 핵심 질문!

'문화 통치'를 실시한 일제의 속내는?

1920년대에 만든 국내 최대 항일 단체는?

독립군은 일본군에 어떻게 맞서 싸웠을까?

윤봉길이 선택한 독립운동의 방법은?

1920	1926	1927	1929	1932
봉오동 전투, 청산리 대첩	6·10 만세 운동	신간회 설립	광주 학생 항일 운동	윤봉길 의거

⭐ 역사반 친구들이 책을 읽고 이야기하고 있어. **오늘의 키워드** 를 보고 문장을 완성해 보자.

오늘의 키워드

문화 통치   신채호   6·10 만세 운동   윤봉길   청산리 대첩

**용선생
역사반**

접속 멤버: 6명

용선생
일제에 맞선 다양한
독립운동!

나선애
일제의 꼬임에
넘어가면 안돼!

왕수재
독립을 위해 힘을 합칠
때!

허영심
우리 역사는 우리가
지킨다!

곽두기
독립군의 완벽한 승리!

장하다
김구 손에 남은 그의
시계!ㅠ

 '식민 통치의 변화와 독립운동의 전개'에서 기억나는 것을 한 가지씩 얘기해 볼까?

3·1 운동 이후 일제는 '㉠[   ]'를 실시해 한국인의 문화와 자유를 보장하겠다고 했어요. 하지만 한국인에 대한 감시를 강화하고 친일파를 만들어 한국을 분열시켰지요.

 순종의 장례식 당일 ㉡[   ]이 일어났어! 이 사건을 계기로 민족주의자와 사회주의자가 힘을 합친 신간회가 만들어졌지!

 일제가 우리 역사를 왜곡하고 축소하려고 하자 ㉢[   ]는 『조선 상고사』를 써 우리 민족이 주체적으로 발전했음을 밝혔지.

만주에서는 독립군이 봉오동 전투와 ㉣[   ]으로 일본군을 크게 물리쳤어요.

 한인 애국단의 ㉤[   ]은 훙커우 공원에서 폭탄을 던져 일본군 장교 등을 제거했어!

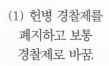

STEP 2 ★ 핵심 문제 풀기

01 1920년대 일제의 '문화 통치' 내용과 그 실상을 바르게 연결해 보자.

| (1) 헌병 경찰제를 폐지하고 보통 경찰제로 바꿈. | | ㉠ 초등 교육과 기술 교육 같은 기초적인 부분만 확대. |

| (2) 언론과 출판, 집회의 자유를 허용함. | | ㉡ 경찰의 수와 예산을 늘려 한국인에 대한 감시를 강화함. |

| (3) 학교 수와 교육 기간을 늘림. | | ㉢ 신문과 책을 발행하기 전에 총독부가 미리 검사함. |

02 그래프를 보고 1920년대 한국의 경제 상황을 잘못 유추한 것을 골라 보자.　　　(　　　)

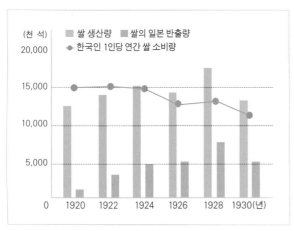

▲ 1920년대의 쌀 생산 증가량과 반출량

① 한국의 쌀 생산량은 늘어났어.

② 일본으로 가져가는 쌀의 양도 늘어났지.

③ 한국인의 쌀 소비량은 크게 증가했어.

④ 한국에서 쌀이 부족해져 쌀값이 올랐어.

03 다음 자료와 관련 있는 독립운동에 대한 설명으로 알맞은 것은 무엇일까? (　　　)

① 고종의 퇴위와 군대 해산을 계기로 일어났어.

② 일제의 무단 통치 시기에 실시되었어.

③ 우리 민족 기업이 만든 물건을 쓰자는 운동이야.

④ 『대한매일신보』가 동참하면서 전국으로 확대되었어.

04 빈칸에 들어갈 단어로 알맞은 것을 써 보자.

> 광주에서 나주로 가는 기차에서 일본인 학생이 한국인 여학생을 희롱하자 일본인과 한국인 학생 사이에 다툼이 일어났다. 이에 일본 경찰이 한국인 학생만 처벌했고, 이 소식을 들은 한국인 학생들은 ㄱㅈ ㅎㅅ ㅎㅇ ㅇㄷ 에 나섰다.

일제의 교육을 거부한다!

05 (가), (나)의 전투에서 활약한 사람으로 알맞은 것은 무엇일까?　　　(　)

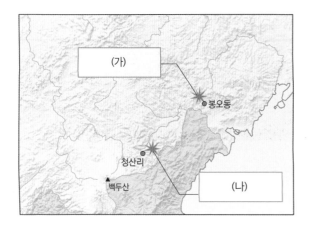

(가)　　(나)
① 박은식 – 김좌진
② 김좌진 – 홍범도
③ 홍범도 – 김좌진
④ 홍범도 – 안중근

06 빈칸에 알맞은 말을 넣어 표를 완성해 보자.

독립운동가	김익상	이봉창
속한 단체	㉠	㉡
한 일	조선 총독부에 잠입해 폭탄을 터뜨림.	도쿄에서 일본 천황에게 폭탄을 던짐.

★ 다음은 일제의 문화 통치에 관한 글이야. (가), (나)의 이야기를 읽고 물음에
  알맞은 글을 써 보자.

(가)

이제 조선 총독부의 총독은 무관은 물론 문관도 될 수 있도록 하였다.
헌병에 의한 경찰 제도도 보통 경찰관에 의한 경찰 제도로 바꾸었다. 또
일반 관리나 선생님이 제복을 입고 그 위에 칼을 치는 것을 폐지하는 등
옷차림에 대한 규정도 손보았다. (중략) 이는 정치·사회적으로 조선인을
일본인과 동일하게 대우하기 위함이다.

『조선 총독부 관보』

(나) # 어느 한국인들의 대화

김씨: 아니, 신문이 왜 이런가? 인쇄를 이딴 식으로 해 놓고 신문을 팔
     아? 내가 가만두나 봐라!

이씨: 잠깐만. 자네 신문 처음 보는가?

김씨: 흠…. 내가 교양 있는 사람이 되기 위해 오늘 신문을 처음 사 봤다
     만 왜 그러는가?

양씨: 이보게. 자네가 가진 신문처럼 기사의 일부 내용이 비어 있거나 시
     커멓게 뭉개지는 일은 자주 있는 일일세.

김씨: 알아듣게 설명해 보게. 이 이상한 일이 당연한 거라니?

이씨: 신문 지면에 공란이 많은 이유는 해당 기사가 일제의 *검열에 통과
     하지 못해서 그렇다네.

김씨: 그럼 검열에 통과하지 못하는 기사는 뭔가?

이씨: 예상컨대 총독부의 정책을 비판하거나 한국인의 애국심을 북돋는

검열 영화, 잡
지, 신문 등이
나오기 전에 미
리 살피는 거야.

결사 여러 사람이 공동의 목적을 이루기 위하여 단체를 조직함.

글일 테지. 일제는 말로만 문화 통치다 뭐다 해서 언론·출판·집회·*결사를 허용한다고 해 놓고서 뒤에서는 이렇게 한국인의 생각까지 통제하려 든다네.

양씨: 어디 언론만 그런가? 문관 총독도 이제는 가능하다고 해 놓고서는 지금까지 한 번도 임명하지 않았지.

이씨: 또 길거리에 경찰이 가득한 것을 보게. 일제는 경찰서도 경찰도 대폭 늘렸다네. 한국인에 대한 감시를 강화하겠다는 뜻 아니겠는가?

김씨: 참 나, 일본인이랑 같은 대우를 받게 해 주겠다더니 실상은 이전과 똑같구먼. 아니, 이전보다 더하네 그려!

01 (가)에서 조선 총독부가 '문화 통치'에 대해 말한 내용을 정리해 보았어. 빈칸을 알맞게 채워 보자.

구분	무단 통치 시기	문화 통치 시기
조선 총독	육군이나 해군 가운데서 임명	㉠
경찰 제도	㉡	보통 경찰 제도
복제	일반 관리·교원이 제복을 입고 칼을 참.	㉢

02 (나)에서 알 수 있는 내용으로 알맞지 <u>않은</u> 것은 무엇일까?   (   )

① 일제는 신문 기사를 검열했다.

② 문관 총독을 임명한 적이 없다.

③ 경찰서의 수와 예산을 늘렸다.

④ 한국인의 신문 발행을 아예 금지했다.

03 (가)와 (나)를 읽고 일제의 '문화 통치'의 내용과 실상을 비판하는 기사를

써 보자.

원하는 걸
들어주는 척만
하는 거야!

이름   기자

01 46회 초급

밑줄 그은 '이 정책'으로 옳은 것은?

군산항에 쌀은 왜 쌓여 있던 건가요?

군산은 일제 강점기 쌀을 수탈해 실어 가던 주요 항구였어요. 1920년부터 시행한 이 정책으로 쌀 생산량은 늘어났지만 이보다 더 많은 쌀이 일본으로 유출되었지요.

① 대동법   ② 방곡령
③ 산미 증식 계획   ④ 토지 조사 사업

02 44회 초급

다음 가상 인터뷰의 밑줄 그은 '이 운동'으로
옳은 것은?

'내 살림 내 것으로'라는 표어를 내걸고 이 운동을 시작한 이유는 무엇입니까?

토산품 애용을 통해 우리 민족의 산업을 발전시키기 위해서입니다.

조만식

① 새마을 운동   ② 금 모으기 운동
③ 브나로드 운동   ④ 물산 장려 운동

03 38회 초급

밑줄 그은 '이 운동'으로 옳은 것은?

이 운동은 1929년에 시작되었어. 학생들은 민족 차별 철폐와 식민지 교육 반대를 내세우며 시위를 벌였지.

오늘날의 학생 독립운동 기념일을 정하는 데에 영향을 주었어.

① 3·1 운동   ② 새마을 운동
③ 물산 장려 운동   ④ 광주 학생 항일 운동

04 34회 초급

(가)에 들어갈 단체로 옳은 것은?

1927년에 민족의 단결 등을 강령으로 창립된 단체입니다. 광주 학생 항일 운동에 진상 조사단을 파견한 이 단체는 무엇일까요?

한국사 퀴즈 대회

(가)

① 신간회   ② 독립 협회
③ 대한 광복회   ④ 조선어 학회

05 36회 초급

(가)~(다)를 일어난 순서대로 옳게 나열한 것은?

일제 강점기의 민족 운동

(가)	(나)	(다)

3·1 운동	6·10 만세 운동	광주 학생 항일 운동

① (가)-(나)-(다)　　② (가)-(다)-(나)

③ (나)-(가)-(다)　　④ (다)-(가)-(나)

06 44회 초급

(가)에 해당하는 인물로 옳은 것은?

을지문덕전 　 조선사 연구초

이 책을 저술한 (가) 은/는 독립운동가이자 역사학자, 언론인입니다. 그는 일제의 침략을 비판하고 우리의 민족적 자긍심을 높이는 글을 썼습니다.

① 백남운　　② 신채호

③ 안창호　　④ 이동휘

07 37회 초급

다음 주제에 대한 학생들의 대화 내용으로 옳은 것은?

08 37회 초급

학생들이 이야기하는 지역을 지도에서 옳게 찾은 것은?

① (가)　　② (나)　　③ (다)　　④ (라)

4. 민족 말살 정책과 일제의 패망

독서 연계 용선생 교과서 한국사 2_154~173쪽

 오늘의 핵심 질문!

일제가 한국 이름을 못 쓰게 한 이유는?

전쟁을 위해 일제는 식민지 조선을
어떻게 수탈했을까?

대한민국 임시 정부의 정식 군대는?

제2차 세계 대전은 어떻게 끝이 났을까?

1931	1937	1938	1940	1944
만주 사변	중일 전쟁	국가 총동원법	한국광복군 창설	건국 동맹 조직

★ 역사반 친구들이 책을 읽고 이야기하고 있어. 오늘의 키워드 를 보고 문장을 완성해 보자.

오늘의 키워드

국가 총동원법   징병제   창씨개명   한국광복군   황국 신민 서사

용선생 역사반

접속 멤버: 6명

 용선생
책은 다 읽어 왔겠지?

 장하다
내 이름은 다퍼무라가 아니야!

 왕수재
라면 끓일 냄비도 가져 갔다는 거네.

 곽두기
일본 전쟁에 한국 사람을!

 허영심
국가 대 국가로 싸우자!

 나선애
일본 히로시마와 나가사키에 원자 폭탄이 떨어졌어.

 '민족 말살 정책과 일제의 패망'에서 생각나는 것을 한 가지씩 얘기해 볼까?

일제는 한국의 정신과 문화를 지우려고 한국인들에게 ⊙ [   ]를 외우게 하고, 이름은 일본식으로 바꾸는 ⓒ [   ]을 강요했어.

 일제는 전쟁을 위해 ⓒ [   ]을 시행했어. 한반도 땅에서 나는 지하자원과 곡물, 그리고 돈까지 가져갔지.

한국인들은 학도병 제도와 ⓔ [   ]로 전쟁터에 끌려가기도 했어. 노동자나 일본군 '위안부' 등으로 끌려간 사람들도 있었지.

 일제와 맞서 싸우기 위해 독립군들은 국외에서 무장 투쟁을 이어나갔어. 대한민국 임시 정부는 ⓜ [   ]을 창설하고, 일본에 선전포고를 했지.

아시아 전체를 차지하려는 일본의 야욕은 제2차 세계 대전의 패배로 막을 내렸어. 1945년 8월 15일, 일본은 항복을 선언했지.

01 일본의 전쟁과 관련된 설명으로 알맞지 <u>않은</u> 것은 무엇일까?　　　　(　　　)

① 일본은 경제가 어려워지자 전쟁을 통해 위기를 극복하려 했어.

② 중국과 전쟁 중 30만 명에 이르는 사람을 죽인 난징 대학살을 일으켰어.

③ 일본은 제2차 세계 대전에 참여해서 독일에 맞서 싸웠어.

④ 전쟁이 확대되면서 일본은 더 많은 물자와 사람이 필요해졌어.

02 다음은 일제가 한국인을 일본인처럼 만들고자 강요한 일이야. 알맞게 연결해 보자.

(1) 한국인에게 우리말과 글 대신 일본어를 사용하도록 강요했어.	(2) 일본의 조상과 신을 모시는 곳에 한국인들도 절을 하도록 강요했어.	(3) 일본식으로 성과 이름을 바꾸도록 하고 바꾸지 않으면 불이익을 줬어.

㉠ 신사 참배

㉡ 일본어로 수업

㉢ 창씨개명 신청

03 다음 법이 시행된 이후 한국의 상황을 잘못 진술한 사람을 골라 보자.　　　　（　　　）

> 국가 총동원법(법률 제55호) 제1조 본 법에서 국가 총동원이란 전시 (전쟁에 준하는 사변의 경우를 포함. 이하 동일)에 국방 목적 달성을 위해 국가의 전력을 가장 유효하게 발휘하도록 인적 물적 자원을 통제 운용하는 것을 가리킨다.

① 금, 석탄, 철광석 등을 닥치는 대로 캐 갔어.
② 종은 가져갔어도 쇠숟가락 같은 생활용품은 제외였지.
③ 일본군이 쌀, 콩, 보리 등 곡물을 가져갔어.
④ 물자가 부족해지자 식량 소비를 제한하고 배급제를 실시했어.

04 사진 속 인물들에 대한 설명을 읽고 빈칸에 알맞은 명칭을 적어 보자.

(1) 일제는 '_____'의 이름으로 대학 및 전문학교에 다니고 있던 한국인 학생들을 전쟁에 강제로 동원했어.

(2) 일제는 여러 국가의 여성들을 일본군 '_____'로 전쟁터에 강제로 끌고 가 성적으로 학대하고, 폭력을 휘둘렀어.

05 다음 포스터에서 소개하는 단체에 대한 설명을 읽고 빈칸을 적어 보자.

대한민국 100년
임정 로드 탐방

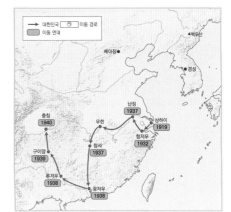

상하이에서 충칭까지 대한민국

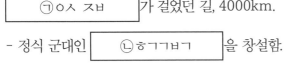

ㄱㅇㅅ ㅈㅂ 가 걸었던 길, 4000km.

- 정식 군대인 ⓛㅎㄱㄱㅂㄱ 을 창설함.

- 태평양 전쟁 직후 일본에게 선전포고를 하고 군대를 국내로 진격시키려는 계획을 세움.

- 독립을 준비하며 ⓒㅅㄱㅈㅇ 가 담긴 '대한민국 건국 강령'을 만듦.

㉠ _____   ⓛ _____   ⓒ _____

06 일제의 패망이 가까워지던 시기에 대한 설명으로 알맞지 <u>않은</u> 것은 무엇일까?   (   )

① 강대국의 지도자들은 카이로에 모여서 전후 문제를 의논했어.

② 여운형이 조직한 '건국 동맹'은 전국에 조직망을 갖추고 독립을 준비했어.

③ 한국광복군은 일본 본국으로 진공하려는 계획을 세웠어.

④ 1945년 8월 15일, 일본이 항복을 선언하며 제2차 세계 대전이 끝났어.

★ 다음은 일제가 내세운 내선일체에 관한 글이야. (가), (나)의 이야기를 읽고 물음에 알맞은 글을 써 보자.

(가) 내선일체는 단순한 정책적 슬로건이 아니라 우리 조선 민중에게는 생활 전체를 의미한다. 나 자신의 *사활 문제요, 내 자손의 사활 문제이다.(중략)

　대체 내선일체란 무엇이냐 하면 내가 재래의 조선적인 것을 버리고 일본적인 것을 배우는 것이다. 한마디로 하면 이것이다. 그래서 조선의 2300만이 모두 호적을 들추어 보기 전에는 내지인(일본인)인지 조선인인지 구별할 수 없게 되는 것이 그 최후의 이상이다. 그러므로 내선일체가 되고 안 되는 것은 오직 나의 노력 여하에 달린 것이다. 그런데 이것이 하루아침에 될 것은 아니지만 우선 일본 국민이 되기에 필요한 것은 빨리 습득해야 할 것이니, ㉠ 이것이 빨리 되면 빨리 조선인에게 행복이 오고 더디게 되면 더디게 행복이 오며, 만일 조선인이 이 공부에 게으르면 마침내 올 것이 안 오고 말 것이다.(생략)

이광수, (1940.9.4.), "심적 신체제와 조선 문화의 진로", 매일신보

(나) # 어느 일본인들의 대화

일본인 A: 자네 그 소식 들었는가? 조선 총독이 '내선일체'를 내세워 조선을 통치하고 있다고 하네.

일본인 B: 아아~ 일본과 조선이 하나라는 그 얘기인가?

일본인 A: 그렇다네. 허참, 그게 말이나 되는 소리란 말인가? 조선이 어떻게 우리 대일본과 하나가 될 수 있다는 건지.

일본인 B: 하나가 돼야 말고.

일본인 A: 엥? 어째서 그런가?

사활 죽고 살기란 뜻이야. 중요한 문제를 비유한 말이지.

일본인 B: 조선이 일본과 하나라고 생각해야 전쟁에 조선인을 동원해도
　　　　　거부감이 없지 않겠는가?

일본인 A: 흐음, 조선인이 스스로 천황 폐화의 신민으로 생각한다면, 조선
　　　　　인을 군인으로 이용할 수 있겠군.

일본인 B: 이제 얘기가 좀 되는군. 내선일체는 어디까지나 조선인을 전쟁
　　　　　에 이용하기 위한 통치 전략인 거지.

일본인 A: 하하, 자네 말이 맞네. 그런데 쉽지는 않을 것 같군.

온갖 이런저런
여러 가지란 뜻
이야.

일본인 B: 그러니까 창씨개명, 신사 참배, 황국 신민 서사 암송 등 *온갖
　　　　　방법을 동원해야지.

일본인 A: 그런데 조선인들이 내선일체를 내세워 우리 일본 사람들과 동
　　　　　등한 권리를 요구하면 어찌하는가?

일본인 B: 그거야 조선인들은 아직 완전한 천황 폐하의 충직한 신민이 되
　　　　　지 못했다고 하면 되네. 물론 조선인들이 완전한 황국 신민이
　　　　　되는 일은 영원히 없을 테지만 말이야. 하하하!

01 아래 글을 읽고 이광수가 (가)의 밑줄 친 ㉠처럼 생각한 이유를 써 보자.

　　일제 강점기의 지식인들 중에는 일제가 내세운 '내선일체'를 받아
들이고 앞장서 선전한 사람들이 있었다. 이들은 조선인들이 천황의
충직한 신민으로 거듭나면 조선이 일본과 동등한 대우를 받을 것이
라고 생각했다. 불가능한 독립을 추구하는 것보다는 철저히 천황의
백성이 되어 조선인들의 행복과 발전을 꾀하자고 주장한 것이다.

02 (나)를 읽고 알 수 있는 사실로 알맞지 <u>않은</u> 것은 무엇일까?　　(　　　)

① 내선일체는 일본과 조선이 하나라는 뜻이야.

② 내선일체는 조선을 일본의 전쟁에 동원하기 위한 수단이었어.

③ 신사 참배, 창씨개명은 조선인이 일본 천황에게 충성하도록 만들기 위해 시행됐어.

④ 일본은 조선과 하나라고 생각했기 때문에 조선을 자신들과 동등하게 대우하려고 했어.

03 (나)의 내용을 바탕으로 이광수에게 그의 생각을 반박하는 편지를 써 보자.

_____

_____

_____

_____

_____

_____

_____

_____

내선일체?
한국인을 전쟁에
이용하려는
속셈이지!

01 42회 초급

선생님의 질문에 대한 학생의 대답으로 옳지 않은 것은?

02 45회 초급

밑줄 그은 '이 시기'에 있었던 사실로 옳은 것은?

① 방곡령이 선포되었다.
② 창씨개명이 실시되었다.
③ 전민변정도감이 설치되었다.
④ 신식 군대인 별기군이 창설되었다.

03 27회 초급

밑줄 그은 ㉠에 해당하는 사실로 옳지 않은 것은?

 이 사진은 황국 신민 서사를 암송하는 모습입니다. 이는 일제가 한국인을 일본 제국의 신민으로 만들기 위해 실시한 ㉠일제 강점기 말의 식민지 지배 정책이었습니다.

① 창씨 개명을 실시하였다.
② 고종을 강제로 퇴위시켰다.
③ 한국 역사 대신에 일본 역사를 가르쳤다.
④ 학교에서 한국어 대신 일본어 사용을 강요하였다.

04 38회 중급

다음 글에 나타난 시기에 있었던 일제의 정책으로 옳은 것은?

> 이 날은 광활한 대지에 나의 운명을 맡긴 날이다. 중경(충칭)을 찾아가는 대륙 횡단을 위해…… 6천 리를 헤매기 시작한 날이다. …… 사실은 이 날이 바로 지나 사변 제7주년 기념일이었다. 그때 일본은 중·일 전쟁을 지나 사변이라고 말했다.
> 장준하, 『돌베개』

① 회사령을 제정하였다.
② 조선 태형령을 시행하였다.
③ 학도 지원병을 강제 동원하였다.
④ 산미 증식 계획을 처음 추진하였다.

05 41회 중급

밑줄 그은 '이 시기'를 연표에서 옳게 고른 것은?

202X년 ○○월 ○○일 오늘은 서귀포에 있는 알뜨르 비행장을 찾았다. 이곳은 일제가 주민들을 강제 동원하여 건설한 군사시설로, 만주 사변 이후 중국 대륙 침략을 본격적으로 진행하던 이 시기에 일본 해군 항공대의 전진 기지로 이용되었다고 한다. 이러한 역사의 흔적은 과거를 잊지 않도록 깨우쳐 준다.

1876	1909	1919	1929	1945
(가)	(나)	(다)	(라)	
강화도 조약	하얼빈 의거	3·1 운동	광주 학생 항일 운동	8·15 광복

① (가)　② (나)　③ (다)　④ (라)

06 49회 기본

다음 법령이 제정된 이후 시행된 일제의 정책으로 옳은 것은?

제4조 정부는 전시에 국가 총동원상 필요한 경우에는 칙령이 정하는 바에 따라 제국 신민을 징용하여 총동원 업무에 종사시킬 수 있다.

제8조 정부는 …… 물자의 생산, 수리, 배급, 양도, 그 밖의 처분, 사용, 소비, 소지 및 이동에 관하여 필요한 명령을 할 수 있다.

① 징병제를 실시하였다.
② 조선 태형령을 제정하였다.
③ 토지 조사령을 공포하였다.
④ 헌병 경찰제를 시행하였다.

07 28회 초급

(가)에 대한 설명으로 옳은 것은?

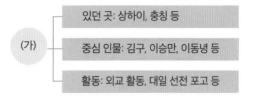

(가) — 있던 곳: 상하이, 충칭 등 / 중심 인물: 김구, 이승만, 이동녕 등 / 활동: 외교 활동, 대일 선전 포고 등

① 만민 공동회를 개최하였다.
② 한국광복군을 창설하였다.
③ 국채 보상 운동에 앞장섰다.
④ 동학 농민 운동을 이끌었다.

08 40회 초급

(가)에 들어갈 단체로 옳은 것은?

1945년 9월 ○○일

학병을 탈출하여 험준한 파촉령을 넘는 6천리 대장정 끝에 충칭의 [　(가)　]에 도착했을 때의 기쁨이 아직도 생생하다.

마침내 미국 전략 정보국의 지원을 받은 특수 공작 훈련이 3개월 만에 끝났다. 우리 제1기생 훈련이 성공적으로 끝나자 미군도 대만족하여 즉각 국내로 침투시킨다고 한다. 국내로 진입한다는 것은 죽음을 각오해야 하지만 독립에 대한 굳은 의지로 지원하였다.

① 신간회　　　② 대한 독립군
③ 대한 국민 의회　④ 대한민국 임시 정부

⬢3 6·25 전쟁과 대한민국의 발전

1987년 명동 성당 앞 시위대
서울 명동 성당 앞에 시민들이 모여 전두환 정권의 독재에 반대하고 직선제 개헌을 요구하고 있어.

| 일제 강점기 | 1945년 8·15 광복 | 1950년 6·25 전쟁 발발 | 1960년 4·19 혁명 | 1980년 5·18 민주화 운동 | 1987년 6월 민주 항쟁 | 2000년 6·15 남북 공동 선언 | 현재 |

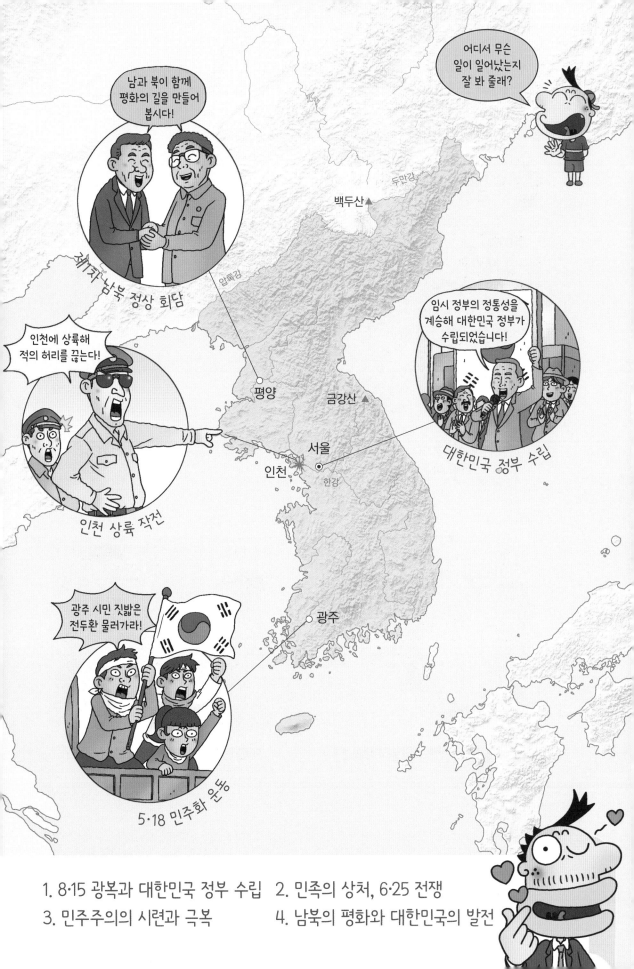

1. 8·15 광복과 대한민국 정부 수립

독서 연계 용선생 교과서 한국사 2_176~195쪽

 오늘의 핵심 질문!

8·15 광복을 맞은 우리 민족은
어떤 마음이었을까?

우리나라가 남과 북으로 나뉜 까닭은?

신탁 통치에 대한 사람들의 반응은?

대한민국 정부는 어떻게 세워졌을까?

1945. 8.	1945. 12.	1946. 3.	1948. 5.	1948. 8.
8·15 광복	모스크바 3국 외상 회의	제1차 미소 공동 위원회 개최	5·10 총선거 실시	대한민국 정부 수립

STEP 1 ⭐ 키워드 확인하기

★ 역사반 친구들이 책을 읽고 이야기하고 있어. 오늘의 키워드 를 보고 문장을 완성해 보자.

오늘의 키워드

| 남북 협상 | 대한민국 정부 | 38도선 | 신탁 통치 | 좌우 합작 운동 |

용선생 역사반

접속 멤버: 6명

 용선생
35년만의 독립!

 왕수재
허리 잘린 한반도.

 허영심
언론 보도는 신중하게!

 장하다
미소 공동 위원회도 어긋나고.

 나선애
38도선 위에서 쓰러질 지라도!

 곽두기
난생 처음 치르는 보통 선거!

 '8·15 광복과 대한민국 정부 수립'에서 생각나는 것을 한 가지씩 얘기해 볼까?

 1945년 8월 15일에 광복을 맞이했지만, 미국과 소련이 북위 ㉠ [　　　]을 기준으로 한반도를 남북으로 나누어 점령했어요.

 모스크바 3국 외상 회의에서는 한반도에 임시 민주주의 정부를 세우고 ㉡ [　　　]를 하기로 결정했어.

좌익과 우익이 신탁 통치 문제로 갈등을 겪는 사이, 나라가 완전히 둘로 나눠지는 걸 막기 위해 좌익과 우익이 협력하자는 ㉢ [　　　]이 일어났어.

남북 분단을 막기 위해 김구와 김규식이 평양으로 가서 ㉣ [　　　]을 가졌지만 성과를 거두지 못했지. 이후 남한에서만 총선거가 실시되었어.

5·10 총선거로 제헌 국회가 만들어져 1948년 8월 15일 ㉤ [　　　] 수립을 선포했어.

01 8·15 광복 이후의 상황에 대한 설명으로 알맞지 <u>않은</u> 것은 무엇일까?　　(　)

① 여운형은 조선 건국 준비 위원회를 조직해 새로운 정부를 만들려고 했어.

② 미국과 소련은 북위 38도선을 기준으로 한반도의 남쪽과 북쪽에 군대를 주둔시켰어.

③ 미군은 조선 건국 준비 위원회와 대한민국 임시 정부를 인정하고 지원해줬어.

④ 미군은 일제 강점기 때 일했던 친일 관료와 경찰에게 다시 일을 맡겼어.

02 다음 노트 필기의 빈칸을 채워 보자.

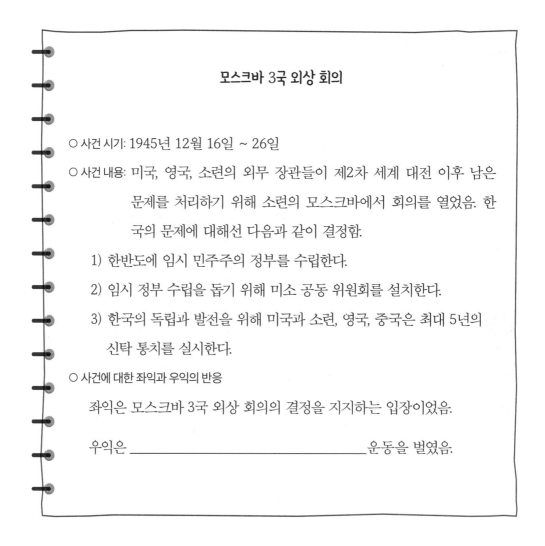

모스크바 3국 외상 회의

○ 사건 시기: 1945년 12월 16일 ~ 26일

○ 사건 내용: 미국, 영국, 소련의 외무 장관들이 제2차 세계 대전 이후 남은 문제를 처리하기 위해 소련의 모스크바에서 회의를 열었음. 한국의 문제에 대해선 다음과 같이 결정함.

1) 한반도에 임시 민주주의 정부를 수립한다.

2) 임시 정부 수립을 돕기 위해 미소 공동 위원회를 설치한다.

3) 한국의 독립과 발전을 위해 미국과 소련, 영국, 중국은 최대 5년의 신탁 통치를 실시한다.

○ 사건에 대한 좌익과 우익의 반응

좌익은 모스크바 3국 외상 회의의 결정을 지지하는 입장이었음.

우익은 ＿＿＿＿＿＿＿＿＿＿＿＿＿＿＿＿＿＿＿운동을 벌였음.

03 (가)에 들어갈 상황으로 알맞지 <u>않은</u> 것은 무엇일까? (　　)

미소 공동 위원회 개최　　　미소 공동 위원회 중단

① 좌우 합작 운동을 위해 노력하는 김규식과 여운형

② 국제 연합에 한국의 정부 수립 문제를 넘기는 미국

③ 국제 연합 감시 하의 남북 총선거를 하기로 결정하는 국제 연합

④ 남북 총선거를 위한 한국 임시 위원단의 방문을 반기는 소련

04 다음 인터뷰에서 김구의 대답으로 알맞지 <u>않은</u> 것은 무엇일까? (　　)

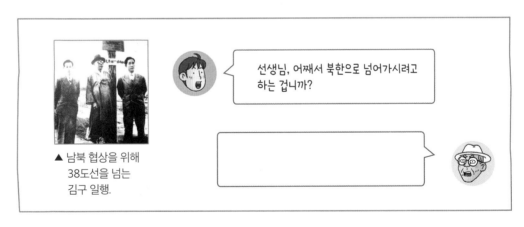

선생님, 어째서 북한으로 넘어가시려고 하는 겁니까?

▲ 남북 협상을 위해 38도선을 넘는 김구 일행.

① 남과 북이 두 개의 나라로 나눠지는 것을 막기 위해서입니다.

② 통일 정부를 세우기 위한 회담을 하러 갑니다.

③ 북한을 저지함으로써 남한만의 단독 정부를 세우기 위해서입니다.

④ 이대로 총선거가 남한에서만 시행되는 걸 두고 볼 수는 없기 때문입니다.

05 남한과 북한의 정부 수립 과정에 대한 설명으로 알맞지 <u>않은</u> 것은 무엇일까?　　(　　)

① 1948년 5월 10일 총선거는 우리나라에서 시행된 최초의 보통 선거였어.

② 선거로 당선된 국회 의원들은 헌법을 만들고 이승만을 대통령으로 뽑았지.

③ 1948년 8월 15일에는 대한민국 임시 정부의 정통성을 계승한 대한민국 정부가
수립되었어.

④ 북한이 1948년 9월 9일에 조선 민주주의 인민 공화국을 세우자 국제 연합은 한반도에
두 개의 정부를 인정했어.

06 대한민국 정부가 수립되기까지의 과정이야. 일어난 순서대로 나열해 보자.

(가) 1948년 8월 15일
대한민국 정부 수립

(나) 신탁 통치를 둘러싼
좌익과 우익의 갈등

(다) 남한만의 단독 총선거

(라) 중도파들의 좌우 합작 운동

(　　) → (　　) → (　　) → (가)

★ 다음은 제헌 국회에 관한 글이야. (가), (나)의 이야기를 읽고 물음에 알맞은 글을 써 보자.

> (가) 1948년 7월 17일, 대한민국 최초의 헌법이 공포되었다. 헌법은 국가를 민주적으로 운영하는 데 가장 중요하고 기초가 되는 내용을 담고 있다. 또한 헌법은 여러 법 가운데 가장 기본이 되는 법으로 국가를 통치하는 바탕이 되므로 그 중요성은 아무리 강조해도 지나치지 않다.
>
> 헌법이 공포되기까지의 두 달여 동안의 과정은 다음과 같다. 1948년 5월 10일 총선거가 실시되었다. 이는 우리나라 역사상 최초로 실시된 *보통 선거로서 만 21세 이상의 성인이면 누구나 투표할 자격이 주어졌다. 약 740여 만 명이 투표한 결과, 198명의 국회 의원들이 선출되었다. 이렇게 뽑힌 2년 임기의 국회 의원들은 최초의 국회를 구성하였다.
>
> 5월 31일 월요일 아침, 국회 의사당에 모인 국회 의원들은 제1차 회의를 열었다. 이후 국회는 수차례 회의를 거친 끝에 1948년 7월 1일에 나라의 이름을 대한민국으로 정하고, 7월 12일에 헌법을 제정하여 7월 17일에 공포하였다.
>
> 헌법을 제정하였으니 이제 국회는 대통령을 선출하고 정부를 수립하는 것을 시작으로 나라의 기틀이 되는 수많은 법을 제정하여야 한다. 앞으로 국회가 어떤 법들을 제정할지 눈여겨보도록 하자.
>
> 가상의 ○○○ 기자, (1948.7.18.), "대한민국 헌법이 공포되기까지", ○○일보
>
> (나) # 초대 국회 의원 A, B가 의사당에서 만남.
> 국회 의원 A: 내일이면 국회 의원으로서의 임기도 마지막이네.
> 국회 의원 B: 2년 동안 중요한 일들을 하느라 고생이 많았어. 어떤 일이 가장 중요했다고 생각하나?
> 국회 의원 A: 역시 우리나라 최초의 헌법을 제정한 것이 가장 중요한 일

보통 선거 일정 나이가 되면 누구에게나 선거권이 주어지는 선거를 말해.

아니겠는가?

국회 의원 B: 그렇군. 헌법을 제정한 게 가장 중요한 일이었으니 제헌 국회라
고 부르는 것이겠지. 제헌 국회에서 한 일 중에 아쉬운 것은 없
는가?

국회 의원 A: 아무래도 반민족 행위 처벌법에 따라 만들어진 반민족 행위 특
별 조사 위원회(반민특위)가 제대로 활동하지 못하고 끝난 게
가장 아쉽지.

국회 의원 B: 나도 그렇다네. 반민특위를 통해 친일파를 청산하려고 했지만
친일파 출신 관료와 경찰들이 방해를 하는 통에 그 기회를 놓
쳐 버렸지.

국회 의원 A: 자네는 어떤 법이 기억에 남나?

국회 의원 B: 나는 농지 개혁법도 중요하다고 생각하네. 덕분에 농민들이 농
사지을 땅을 얻게 되겠지. 이제 곧 농지 개혁법이 실제로 시행
될 텐데 큰 문제없이 잘 풀리길 바라네.

01 (가), (나)를 읽고 표의 빈칸을 알맞게 채워 보자.

법 이름	제정 목적
㉠	국가를 운영하기 위한 기초가 되는 내용을 정하고 여러 법을 만들기 위한 바탕으로 삼기 위해서 만들었다.
반민족 행위 처벌법	㉡
㉢	농민들이 농사지을 땅을 얻을 수 있도록 만들었다.

02 (가), (나)를 읽고 알 수 있는 사실로 알맞지 <u>않은</u> 것은 무엇일까? (　　　)

① 우리나라 초대 국회는 헌법을 만들어 제헌 국회라고 한다.

② 제헌 국회를 구성한 국회 의원들은 국민들의 투표로 선출되었다.

③ 제헌 국회는 헌법을 바탕으로 여러 법을 만들었다.

④ 제헌 국회가 만든 반민족 행위 처벌법에 따라 친일파들을 전부 처벌하였다.

03 (가)와 (나)의 내용을 바탕으로 제헌 국회의 업적과 아쉬웠던 점을 써 보자.

01 45회 초급

다음 장면에 해당하는 사건으로 옳은 것은?

협의 사항
◉ 한반도에 임시 민주 정부 수립
◉ 미·소 공동 위원회 설치
◉ 신탁 통치 실시 방안 제출

① 얄타 회담   ② 카이로 회담
③ 파리 강화 회의   ④ 모스크바 3국 외상 회의

02 41회 중급

(가)~(다) 학생이 발표한 내용을 일어난 순서대로 옳게 나열한 것은?

주제: 광복 이후 한반도 정세

(가) 학생	(나) 학생	(다) 학생
모스크바 3국 외상 회의에서 한반도 문제가 협의되었습니다.	덕수궁 석조전에서 미·소 공동 위원회가 두 차례 열렸습니다.	미국이 한반도 문제를 유엔으로 이관하였습니다.

① (가)-(나)-(다)   ② (가)-(다)-(나)
③ (나)-(가)-(다)   ④ (다)-(나)-(가)

03 39회 중급

(가)에 들어갈 인물로 옳은 것은?

역사 인물 카드

(가)

- 독립운동가, 정치가, 언론인
- 호: 몽양
- 생몰: 1886년~1947년
- 주요 활동
  - 대한민국 임시 정부 수립에 참여
  - 조선 건국 준비 위원회 위원장을 역임
  - 좌우 합작 운동을 주도

① 김구   ② 박은식
③ 신채호   ④ 여운형

04 46회 초급

(가) 시기에 있었던 사실로 옳은 것은?

 → (가) →

8·15 광복   5·10 총선거

① 윤봉길이 상하이에서 의거를 일으켰다.
② 김구와 김규식 등이 남북 협상을 추진하였다.
③ 유엔군과 국군이 인천 상륙 작전에 성공하였다.
④ 안중근이 하얼빈에서 이토 히로부미를 저격하였다.

05 42회 초급

(가)~(다)를 일어난 순서대로 옳게 나열한 것은?

사진으로 보는 대한민국 정부 수립

(가)
제헌 국회 개원식

(나)
미·소 공동 위원회 개회

(다)
5·10 총선거 실시

① (가)-(나)-(다)　　② (가)-(다)-(나)
③ (나)-(가)-(다)　　④ (나)-(다)-(가)

06 40회 초급

(가) 시기에 볼 수 있는 장면으로 옳지 <u>않은</u> 것은?

한국 현대사 연표

1945. 8. 15.	(가)	1948. 8. 15.
8·15 광복		대한민국 정부 수립

① 덕수궁에서 열린 제2차 미·소 공동 위원회
② 판문점에서 열린 휴전 협정 조인식
③ 5·10 총선거 때 투표하는 유권자들
④ 남북 협상을 위해 38도선을 넘는 김구 일행

07 46회 중급

밑줄 그은 '선거'에 대한 설명으로 옳은 것은?

> 이 사진은 제헌 국회 구성을 위해 유엔 한국 임시 위원단의 감시 아래 실시된 <u>선거</u>를 홍보하는 장면입니다.

① 6·25 전쟁 중에 진행되었다.
② 유신 헌법에 따라 실시되었다.
③ 우리나라 최초의 보통 선거였다.
④ 3·15 부정 선거로 불리게 되었다.

08 37회 초급

(가)에 들어갈 내용으로 옳은 것은?

한국사 퀴즈 대회

1948년 5·10 총선거로 구성된 국회에서 제정하여 7월 17일에 공포한 이 법은?

(가)

① 단발령　　② 유신 헌법
③ 제헌 헌법　　④ 조선 태형령

2. 민족의 상처, 6·25 전쟁

독서 연계 용선생 교과서 한국사 2_196~215쪽

 오늘의 핵심 질문!

북한은 왜 남한에 쳐들어왔을까?

전세를 역전시키기 위한
국제 연합군의 작전은?

중국군이 개입하면서
전세는 어떻게 변했을까?

6·25 전쟁은 우리에게 무엇을 남겼을까?

1950. 6.	1950. 9.	1950. 10.	1953. 7.
6·25 전쟁 발발	인천 상륙 작전	중국군의 참전	정전 협정 체결

⭐ 역사반 친구들이 책을 읽고 이야기하고 있어. **오늘의 키워드** 를 보고 문장을 완성해 보자.

오늘의 키워드

1950년 6월 25일 　 이산가족 　 인천 상륙 작전 　 1·4 후퇴 　 휴전선

용선생 역사반

접속 멤버: 6명

 용선생
다들 책 읽어 왔지?

 곽두기
임시 수도는 부산!

 허영심
적의 허리를 끊는다!

 나선애
중국군 개입으로 또다시 상황 역전!

 왕수재
6·25 전쟁은 완전히 끝난게 아니래. ㅠㅠ

 장하다
아바이 순대 먹으러 가자!

 '민족의 상처, 6·25 전쟁'에서 기억나는 것을 한 가지씩 얘기해 볼까?

| ㉠ 　　　　　　　 | 일요일 새벽에 북한군이 갑자기 쳐들어왔어요! 국군은 북한군에 밀려 낙동강까지 후퇴하고 말았어요.

 국제 연합군이 파견되었어. 미군 사령관 맥아더는 인천에 상륙해서 적의 보급로를 차단하고 후방을 치는 작전을 세웠어. 이 작전이 바로 | ㉡ 　　　　　　 | 이야.

국군과 국제 연합군이 압록강까지 진격하자 중국군이 전쟁에 개입했어. 중국군에 밀려 서울을 빼앗기고 많은 사람들이 남쪽으로 피란했는데, 이를 | ㉢ 　　　　 | 라고 해.

 1953년 7월, 마침내 정전 협정이 이뤄져 전쟁이 멈추었지. 남쪽과 북쪽의 군대가 각각 점령하고 있던 지역을 기준으로 | ㉣ 　　　　　　 | 도 그어졌어.

전쟁은 사람들의 삶을 파괴했어. 가족이 뿔뿔이 흩어진 | ㉤ 　　　　　　 | 이 생겼고, 피란민 마을도 생겼지. 남한과 북한은 서로를 적으로 생각하게 되었어.

01 6·25 전쟁에 대한 설명으로 알맞지 <u>않은</u> 것은 무엇일까?　　　　　　　　（　　）

① 1950년 6월 25일 북한이 남한에 쳐들어왔어.

② 국제 연합은 국제 연합군을 남한에 파병했어.

③ 미군 사령관 맥아더는 부산에 상륙해 북으로 진격했어.

④ 중국군이 전쟁에 참여하면서 서울을 다시 빼앗겼어.

02 다음의 물음에 답해 보자.

(1) 북한군이 쳐들어오자 국군은 3일 만에 서울을 빼앗기고 낙동강 이남까지 후퇴했어. 이후 상황이 역전되어 남한은 서울을 되찾았지. 어떤 ㉠사건으로 상황이 남한에 유리하게 되었을까? 사건의 이름과 내용을 　보기　를 참고해 써 보자.

보기

인천　　국제연합군　　북한군　　보급로

㉠ 사건: ＿＿＿＿＿＿＿＿＿＿＿＿＿＿＿＿＿＿＿＿＿＿＿

㉡ 내용: ＿＿＿＿＿＿＿＿＿＿＿＿＿＿＿＿＿＿＿＿＿＿＿

＿＿＿＿＿＿＿＿＿＿＿＿＿＿＿＿＿＿＿＿＿＿＿＿＿＿＿＿

(2) 서울을 되찾고 압록강으로 진격하던 국군과 국제 연합군이 다시 한강 이남으로 후퇴한 까닭은 무엇일까?

＿＿＿＿＿＿＿＿＿＿＿＿＿＿＿＿＿＿＿＿＿＿＿＿＿＿＿＿

＿＿＿＿＿＿＿＿＿＿＿＿＿＿＿＿＿＿＿＿＿＿＿＿＿＿＿＿

03 아래 카드를 보고 (가)~(라)에 들어갈 내용으로 알맞은 것을 보기 에서 찾아 써 보자.

또 일어난 순서대로 알맞게 나열해 보자.

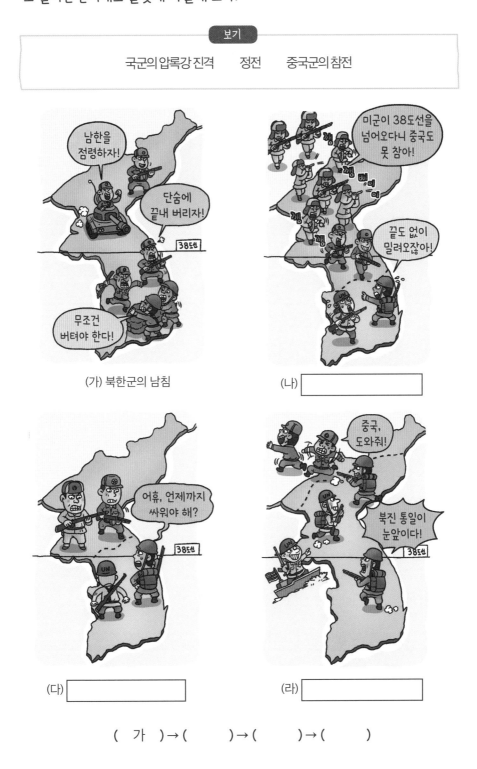

보기

국군의 압록강 진격　　정전　　중국군의 참전

(가) 북한군의 남침

(나) [　　　　　　]

(다) [　　　　　　]

(라) [　　　　　　]

(가) → (　　　) → (　　　) → (　　　)

04 6·25 전쟁의 결과에 대해 설명한 글인데 **틀린** 부분이 있어. 바르게 고쳐 써 보자.

> 1953년 7월, 드디어 ㉠ 종전 협정이 체결되었어. 3년간의 전쟁은 남북한 모두에 엄청난 피해를 입혔어. 남북한 전체 인구가 약 3천만 명이라고 할 때 약 1/6, 즉 500만 명 이상이 피해를 입었지. 또 남한은 생산 시설의 절반 가까이가 파괴되었고. 북한의 피해는 더 심했어. 더욱 심각한 것은 6·25전쟁 이후에 남과 북의 갈등이 더욱 깊어졌다는 거야. 오로지 서로에 대한 불신과 적대감이 남아 '차가운 전쟁' 즉 ㉡ 열전이 지속되었어.

㉠ _____   ㉡ _____

05 6·25 전쟁이 우리 사회에 미친 영향으로 알맞지 **않는** 것은 무엇일까?　　　（　　）

① 38도선 그대로 군사 분계선이 그어져 황해도와 개성은 남한에 속해.

② 부산과 인천에는 미군 부대 물건을 살 수 있는 시장이 생겼어.

③ 속초에는 함경도 사람들이 많이 살다 보니 아바이 마을이 생겼어.

④ 전쟁 이후 남한에서는 반공을 외치는 목소리가 커졌어.

★ 다음은 6·25 전쟁에 관한 글이야. (가), (나), (다)의 이야기를 읽고 물음에 알맞은 글을 써 보자.

(가) 어머님! 나는 사람을 죽였습니다. 그것도 돌담 하나를 사이에 두고, 십여 명은 될 것입니다. 저는 두 명의 특공대원과 함께 수류탄이라는 무서운 폭발 무기를 던져 일순간에 죽이고 말았습니다. (중략) 어머님! 전쟁은 왜 해야 하나요. 이 복잡하고 괴로운 심정을 어머님께 알려 드려야 내 마음이 가라앉을 것 같습니다. (중략) 어머니, 저는 꼭 살아서 다시 어머님 곁으로 달려가겠습니다. 웬일인지 문득 상추쌈을 *게걸스럽게 먹고 싶습니다. 그리고 옹달샘의 이가 시리도록 차가운 냉수를 벌컥벌컥 한없이 들이켜고 싶습니다(생략).

전쟁에 참여해 목숨을 잃은

동성중학교 3학년 이우근의 마지막 편지 일부

> 게걸스럽다 먹을 것을 사납게 밝히는 모습을 말해.

(나)

눈보라가 휘날리는 바람 찬 흥남 부두에

목을 놓아 불러 봤다 찾아를 봤다

금순아 어디를 가고 길을 잃고 헤매었더냐

피눈물을 흘리면서 일사(1.4) 이후 나 홀로

왔다 (중략)

철의 장막 모진 설움 받고서 살아를 간들

*천지간에 너와 난데 변함 있으랴

금순아 굳세어 다오 북진 통일 그날이 오면 손을 잡고 웃어 보자. 얼싸안고 춤도 춰 보자

대중가요, 「굳세어라 금순아」(1953) 가사 일부

> 천지간 하늘과 땅 사이를 말해. 온 세상을 일컫지.

민간인 공무
원, 군인, 경찰
이 아닌 보통
사람을 말해.

(다)

6·25 전쟁의 인명 피해(국방부 군사편찬연구소, 2005)

(위) 전쟁으로 *폐허가 된 서울
(아래) 파괴된 수원 화성과 부모를 잃은 아이들

폐허 집 같은
것이 무너져서
못 쓰게 된 터
를 말해.

01 (가)~(다)를 보고 내용과 맞지 <u>않는</u> 것을 골라 보자.　　　　(　　　)

① 어린 학도병도 전쟁터에 나가 무기를 들고 싸웠어.

② 피란하면서 가족이 뿔뿔이 흩어진 사람도 있었어.

③ 전쟁 과정에서 남한과 북한의 군인들만 목숨을 잃었어.

④ 전쟁으로 건물은 폐허가 되고 부모를 잃은 아이들도 생겼어.

02 역사반 친구들이 (가)~(다)를 읽고 알 수 있는 것들을 적어 두었어. 빈칸에 알맞은 내용을 채워 보자.

6·25 전쟁으로 인한 피해	
인명 피해	어린 나이에 전쟁에 참여한 학도병도 있었다. 남한과 북한에서는 군인은 물론 민간인도 큰 피해를 입었다.
이산가족, 전쟁고아	㉠
건물, 문화유산	㉡

03 (가)~(다)를 참고하여 6·25 전쟁의 피해를 보도하는 1분 뉴스 대본을 써 보자.

_____

_____

_____

_____

_____

_____

_____

전쟁은 모두에게 심각한 피해를 주는구나.

01 47회 기본

밑줄 그은 '전쟁' 중에 있었던 사실로 옳은 것은?

> 임시 수도인 부산을 비롯한 곳곳에 천막 학교가 세워져 전쟁 중에도 뜨거운 열기 속에 수업이 진행되었습니다.

① 금융 실명제가 실시되었다.
② 인천 상륙 작전이 전개되었다.
③ 여수·순천 10·19 사건이 일어났다.
④ 조선 건국 준비 위원회가 조직되었다.

02 49회 기본

(가) 전쟁 중에 있었던 사실로 옳은 것은?

숫자로 본　(가)

- 전쟁 기간: 1950년 ~ 1953년
- 이산가족: 약 10,000,000여 명
- 민간인 사망: 655,000명 이상
- 전쟁고아: 약 100,000여 명

① 인천 상륙 작전이 전개되었다.
② 모스크바 3상 회의가 개최되었다.
③ 미국이 애치슨 선언을 발표하였다.
④ 반민족 행위 처벌법이 제정되었다.

03 45회 중급

(가) 전쟁 중에 있었던 사실로 옳지 않은 것은?

(가)　사진전

흥남 철수

거제 포로 수용소

① 판문점에서 휴전 회담이 진행되었다.
② 조선 건국 준비 위원회가 조직되었다.
③ 중국군의 개입으로 서울을 다시 빼앗겼다.
④ 국군과 유엔군이 인천 상륙 작전에 성공하였다.

04 39회 초급

(가)~(다)를 일어난 순서대로 옳게 나열한 것은?

6·25 전쟁, 어떻게 전개되었나

북한군 남침

(가) 중국군 참전

(나) 휴전 협정

(다) 인천 상륙 작전

① (가)-(나)-(다)　② (가)-(다)-(나)
③ (다)-(가)-(나)　④ (다)-(나)-(가)

05 14회 초급

다음 사진 전시회의 주제로 적절한 것은?

끊어진 한강 다리   1·4 후퇴

① 독립군 전적지 탐방
② 항일 의병 운동의 발자취
③ 간토 대지진과 한국인의 희생
④ 6·25 전쟁의 잊을 수 없는 상처

06 36회 고급

(가)~(다)의 전선을 전쟁이 진행된 순서대로 옳게 나열한 것은?

① (가)-(나)-(다)   ② (가)-(다)-(나)
③ (나)-(다)-(가)   ④ (다)-(가)-(나)

07 21회 중급

다음 자료를 통해 알 수 있는 전쟁에 대한 설명으로 옳지 <u>않은</u> 것은?

이 사진은 전쟁으로 폐허가 된 서울의 모습을 촬영한 것입니다.

이번 전시회는 이러한 동족상잔의 비극이 불러온 참혹함을 상기하여 평화를 다짐하는 계기가 될 것입니다.

① 유엔군이 참전하였다.
② 38도선 *획정의 계기가 되었다.
③ 북한의 남침으로 전쟁이 시작되었다.
④ 중국군의 개입으로 서울이 다시 함락되었다.

획정: 경계를 명확히 구별해 정함.

08 43회 초급

(가)에 들어갈 장소로 옳은 것은?

(가)에 대해 검색해 줘.

검색 결과입니다.

1953년 7월 27일, 6·25 전쟁의 휴전 협정이 체결된 곳입니다. 1971년 남북 적십자 예비 회담이 열린 이후 남북한 간의 접촉과 회담을 위한 장소로 이용되고 있습니다.

① 광성보   ② 임진각
③ 중명전   ④ 판문점

3. 민주주의의 시련과 극복

독서 연계 용선생 교과서 한국사 2_216~237쪽

 오늘의 핵심 질문!

3·15 부정 선거에 분노한 시민들이 한 일은?

박정희는 권력을 유지하기 위해
어떠한 일을 했을까?

우리나라는 어떻게 경제 성장을 이룩했을까?

6월 민주 항쟁으로 바뀐 것은?

1960	1961	1972	1980	1987
4·19 혁명	5·16 군사 정변	유신 헌법	5·18 민주화 운동	6월 민주 항쟁

STEP 1 ★ 키워드 확인하기

★ 역사반 친구들이 책을 읽고 이야기하고 있어. 오늘의 키워드 를 보고 문장을 완성해 보자.

오늘의 키워드

4·19 혁명　　5·18 민주화 운동　　유신 헌법　　6월 민주 항쟁　　직선제

용선생 역사반

접속 멤버: 6명

용선생
다들 책 읽어 왔지?

곽두기
김주열학생을 기억하자!

허영심
군인이정치인으로변신?

나선애
노동 환경에 관심을!

왕수재
시민을 향해 총을 쏘다니...!ㅠ

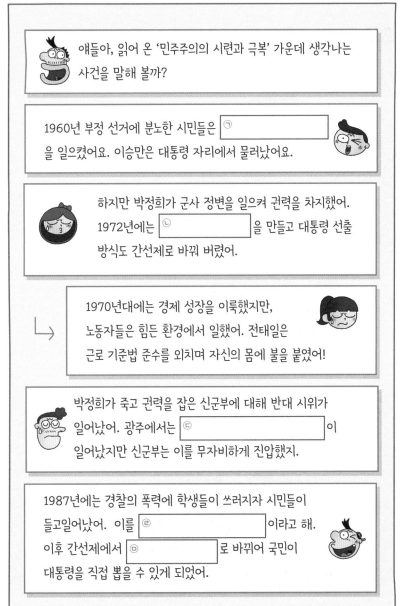
장하다
직선제, 먼 길을 돌아왔다!

얘들아, 읽어 온 '민주주의의 시련과 극복' 가운데 생각나는 사건을 말해 볼까?

1960년 부정 선거에 분노한 시민들은 ㉠ [   ]을 일으켰어요. 이승만은 대통령 자리에서 물러났어요.

하지만 박정희가 군사 정변을 일으켜 권력을 차지했어. 1972년에는 ㉡ [   ]을 만들고 대통령 선출 방식도 간선제로 바꿔 버렸어.

1970년대에는 경제 성장을 이룩했지만, 노동자들은 힘든 환경에서 일했어. 전태일은 근로 기준법 준수를 외치며 자신의 몸에 불을 붙였어!

박정희가 죽고 권력을 잡은 신군부에 대해 반대 시위가 일어났어. 광주에서는 ㉢ [   ]이 일어났지만 신군부는 이를 무자비하게 진압했지.

1987년에는 경찰의 폭력에 학생들이 쓰러지자 시민들이 들고일어났어. 이를 ㉣ [   ]이라고 해. 이후 간선제에서 ㉤ [   ]로 바뀌어 국민이 대통령을 직접 뽑을 수 있게 되었어.

01 다음 설명을 읽고 옳지 <u>않은</u> 것을 골라 보자. ( )

① 박정희와 일부 군인들은 5·16 군사 정변을 일으켜 권력을 장악했어.

② 한국은 베트남 전쟁 파병의 대가로 미국으로부터 지원을 받았어.

③ 5·18 민주화 운동은 서울의 시민들이 신군부의 폭력에 맞서 싸운 사건이었어.

④ 1987년 대학생 박종철이 경찰의 고문으로 사망하자 시민들은 시위를 벌였어.

02 ㉠, ㉡에 들어갈 사건을 보기 에서 찾아 알맞게 써 보자.

보기		
6·25 전쟁	4·19 혁명	5·18 민주화 운동
한일 협정	1·4 후퇴	물산 장려 운동

1960년에 일어난 ㉠ [ ]

- 이승만 정권의 부정 선거에 분노한 국민들이 시위를 벌임.
- 김주열 학생의 시신이 발견되자 전국으로 시위가 퍼짐.
- 이승만이 대통령에서 물러남.

1980년에 일어난 ㉡ [ ]

- 전두환과 노태우 등 신군부가 권력을 차지함.
- 1980년 광주에서 신군부에 반대하는 시위가 일어남.
- 시위가 확산되자 신군부는 공수부대원을 투입해 시위하는 시민들을 살해함.

03 역사반 친구들이 유신 헌법에 대해 설명하고 있어. 빈칸의 내용을 채워 보자.

> 유신 헌법은 1972년 박정희가 [　　㉠　　]을 위해서 새로운 헌법이 필요하다며 만든 헌법이었어. 문제는 유신 헌법에서 대통령의 임기를 4년에서 6년으로 늘리고, 대통령을 할 수 있는 횟수의 제한도 없앴다는 거야. 또 대통령 선출 방식도 직선제에서 [　　㉡　　]로 바꿔 버렸어. 영원히 대통령을 할 수 있는 상황이 된 거지. 이렇게 유신 헌법은 대통령 한 사람에게 커다란 권력을 가져다주었어.

㉠ _____   ㉡ _____

04 1970년대 우리나라의 경제에 관한 글이야. 빈칸에 들어갈 말을 알맞게 넣어 보자.

> 1970년대 우리나라 경제는 놀랍도록 성장했다. 경남 지역을 중심으로 중화학 공업 단지가 들어서고, 우리나라 최초의 고속 국도인 [㉠ ㄱㅂ ㄱㅅ ㄱㄷ]도 건설했다.
>
> 하지만 노동자들의 삶은 여전히 힘들었다. 하루 12시간 이상 일하고 폭언과 폭행에 시달리기 일쑤였다. 낮은 임금에 시달리던 노동자 전태일은 끝내 "[㉡ ㄱㄹ ㄱㅈㅂ]을 준수하라!"는 말을 외치며 분신했다. 그 후 노동 환경에 대한 사회적 관심이 커졌고, 노동자도 자신의 목소리를 내기 시작했다.

㉠ _____   ㉡ _____

05 (가)~(라)의 사진을 보고 일어난 순서대로 나열해 보자.

(가) 이한열 추모식

(나) 긴급 조치 1호 표적이 된 장준하

(다) 3·15 부정 선거

(라) 5·16 군사 정변

(   ) → (   ) → (   ) → (가)

06 다음의 만화에서 마지막 장면의 결과를 가져온 사건은 무엇일까? (   )

① 5·16 군사 정변
② 유신 헌법 선포
③ 4·19 혁명
④ 6월 민주 항쟁

★ 다음은 5·18 민주화 운동에 관한 글이야. (가), (나)의 이야기를 읽고 물음에 알맞은 글을 써 보자.

(가) 나는 기자다. 새삼스럽게 내 직업을 적는 이유는 간단하다. 1980년 5월 ○○일에 겪은 일들을 세상에 알리기 위해서는 왠지 목숨을 걸어야 할 것 같은 기분이 들어서다. 이렇게 직업을 되뇌면 용기가 나려나. 오늘 점심을 먹고 광주의 아는 형님 댁에 들리려 택시를 타고 가는데, *무장을 하고 선 계엄군이 길을 막았다.

"여기서부터는 출입하실 수 없습니다."

"무슨 일이 있나요?"

"아실 필요는 없고 당장 계엄군의 명령에 따라주십시오!"

등골이 오싹했다. 분명 무슨 일이 일어나고 있는 게 분명했다. 알려지면 안 될 어떤 일들이….

난 기사님께 나가자고 말하고 수 분을 달렸다. 그리고는 샛길로 빠져 흙길을 덜컹덜컹 내달려 계엄군 몰래 광주 속으로 들어가는 데 성공했다.

광주 시내는 *아비규환이었다. 자욱한 연기 속에서 사람들의 비명이 터져 나왔고, 도망가는 사람의 등으로 계엄군의 몽둥이가 무참히 내려졌다. 내가 꿈을 꾸고 있는 건 아니겠지? 도로에는 많은 사람들이 쓰러져 있었는데, 바닥에 피가 퍼져 나가고 있었다. 계엄군이 시민들을 향해 총을 쏜 것이 분명했다.

손이 떨렸다.

가게 문을 닫고 벌벌 떠는 상인을 잡고 물어보니 지난주부터 계속 이런 일의 연속이란다. 지금까지 내가 읽은 광주에 대한 기사는 대략 이랬다.

'광주의 일부 폭도들이 난동을 부린다.', '군은 *생활고와 온갖 위협에 시달리는 시민을 구출하기 위해 노력하고 있다.' 등등. 계엄군에 당하고

무장 총, 칼 같은 무기나 장비를 갖추는 것을 말해.

아비규환 여러 사람이 끔찍한 사고나 혼란에서 벗어나려고 울부짖는 모습을 말해.

생활고 가난해서 겪는 어려움을 말해.

있는 사람들은 폭도가 아니라 분명 일반 시민이었다. 기사는 거짓이었다.

그래서 나는 오늘 본 광주의 모습을 더욱 분명하고 똑똑히 기록해 놓을 것이다. 더 많은 이가 광주에서 벌어진 일을 알 수 있도록 말이다.

1980년 5월 광주를 목격한 가상의 기자의 수기

(나) 아! 이럴 수가 있단 말입니까? 계엄 당국은 18일 오후부터 공수 부대를 대거 투입하여 시내 곳곳에서 학생, 젊은이들에게 무차별 *살상을 했으니! 아! 설마! 설마 했던 일들이 벌어졌으니, (중략)

시민 여러분!

너무나 경악스러운 또 하나의 사실은 20일 밤부터 계엄 당국은 발포 명령을 내려 무차별 *발포를 시작했다는 것입니다. 이 고장을 지키고자 이 자리에 모이신 민주 시민 여러분! 그런 상황에서 우리가 할 수 있는 일이 무엇이겠습니까? 우리가 어떻게 해야 되겠습니까? 묻고 싶습니다. 우리는 더 이상 당할 수만은 없었습니다. 그래서 우리는 이 고장을 지키고 우리 부모 형제를 지키고자 손에 손에 총을 들었던 것입니다. 그런데도 정부와 언론에서는 계속 *불순배, 폭도로 몰고 있습니다.

광주 시민군의 궐기문, 〈우리는 왜 총을 들 수밖에 없었는가?〉 (1980. 5. 25) 일부

살상 사람을 죽이거나 다치게 하는 거야.

발포 총이나 포를 쏘는 걸 말해.

불순배, 폭도 폭력으로 사회를 어지럽히는 무리를 말하지.

01 (가)에서 신군부가 광주에서의 일이 외부로 새어 나가지 않도록 하기 위해 취한 조치는 무엇일까?

02 (나)를 읽고 아래의 표에 사건을 정리해 보자.

① 5월 18일 계엄 당국이 한 일은?	
② 광주 시민들이 무장한 이유는?	
③ 언론에서는 사건을 어떻게 보도했나?	

03 (나)를 참고하여 자신이 기자가 되어 광주의 실상을 알리는 기사를 써 보자.

제목:

_____

내용:

_____

_____

_____

_____

_____

_____

광주의 실상을 알려야만 해!

01 45회 초급

(가)에 들어갈 학습 주제로 옳은 것은?

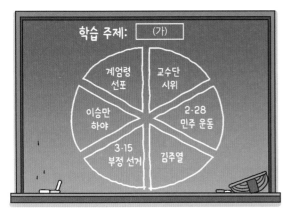

학습 주제 : (가)

계엄령 선포 / 교수단 시위 / 2·28 민주 운동 / 김주열 / 3·15 부정 선거 / 이승만 하야

① 4·19 혁명   ② 6월 민주 항쟁
③ 6·10 만세 운동   ④ 5·18 민주화 운동

02 42회 중급

(가), (나) 사이의 시기에 있었던 사실로 옳은 것은?

(가)	(나)
7·4 남북 공동 성명	부·마 민주 항쟁

① 유신 헌법이 제정되었다.
② 금융 실명제가 실시되었다.
③ 남북 정상 회담이 개최되었다.
④ 남북 기본 합의서가 채택되었다.

03 30회 초급

다음 우표가 발행된 시기를 연표에서 옳게 고른 것은?

이 우표는 제1차 경제 개발 5개년 계획 실시를 기념하기 위해서 발행된 것입니다.

1945	1950	1960	1970	1980
	(가)	(나)	(다)	(라)
광복	6·25 전쟁	장면 내각 성립	새마을 운동 제창	5·18 민주화 운동

① (가)   ② (나)   ③ (다)   ④ (라)

04 41회 중급

다음 뉴스가 보도된 정부 시기의 사실로 옳은 것은?

서울과 부산을 이어주는 총 길이 400킬로미터가 넘는 국내 최장 고속 도로가 드디어 준공되었습니다.

① 금융 실명제가 실시되었다.
② 서울 올림픽 대회가 개최되었다.
③ 반민족 행위 특별 조사 위원회가 구성되었다.
④ 전태일이 근로 기준법의 준수를 요구하며 분신하였다.

05 42회 초급

(가)에 들어갈 사건으로 옳은 것은?

> 특강 주제: 민주주의의 시련과 발전

> [(가)]은 1980년 광주에서 학생과 시민들이 민주화를 요구하며 일어났습니다. 전두환을 중심으로 한 신군부는 이를 폭력적으로 진압하였고, 그에 맞서 학생과 시민들은 격렬하게 저항했습니다.

① 4·19 혁명 ② 6월 민주 항쟁
③ 5·18 민주화 운동 ④ 3선 개헌 반대 운동

06 38회 중급

다음 대화에 나타난 민주화 운동에 대한 설명으로 옳은 것은?

> '서울의 봄' 이후 광주에서 시민군이 결성되었던 이유에 대해 알고 싶어요.

> 공수 부대가 집단 발포를 하자 시민들이 스스로를 지키기 위해 무장하고 저항했던 것입니다.

① 4·19 혁명 ② 6월 민주 항쟁
③ 부·마 민주 항쟁 ④ 5·18 민주화 운동

07 47회 기본

(가) 민주화 운동에 대한 설명으로 옳은 것은?

답사 계획서

- 주제: [(가)]
- 날짜: 202X년 ○○월 ○○일
- 답사 장소

장소	설명
구 남영동 치안본부 대공분실	박종철 학생이 물고문을 당한 끝에 사망한 장소.
이한열 기념관	경찰이 쏜 최루탄에 맞아 사망한 이한열 학생의 민주 항쟁을 기념하기 위한 장소.
대한성공회 서울주교좌 성당	'박종철 군 고문살인 은폐·조작 규탄 및 민주 헌법 쟁취 범국민 대회'가 개최된 장소.

① 대통령이 하야하는 결과를 가져왔다.
② 유신 체제가 붕괴되는 계기가 되었다.
③ 5년 단임의 대통령 직선제 개헌을 이끌어냈다.
④ 신군부의 비상계엄 확대에 반대하여 일어났다.

08 31회 초급

(가)~(다)를 일어난 순서대로 옳게 나열한 것은?

(가)	(나)	(다)
5·18 민주화 운동	4·19 혁명	6월 민주 항쟁

① (가)-(나)-(다)
② (가)-(다)-(나)
③ (나)-(가)-(다)
④ (나)-(다)-(가)

4. 남북의 평화와 대한민국의 발전

독서 연계   용선생 교과서 한국사 2_238~255쪽

 오늘의 핵심 질문!

1990년대 이후 한국 사회는
어떻게 변화했을까?

경제가 성장하며 나타난 문제는 무엇일까?

남북한이 한반도 평화를 위해 한 일은?

시민들이 사회에 목소리를 내는 방법은?

1988	1995	1997	2000	2002	2018
서울 올림픽	지방 자치제 실시	외환 위기	제1차 남북 정상 회담	한일 월드컵 축구 대회	판문점 선언

★ 역사반 친구들이 책을 읽고 이야기하고 있어. 오늘의 키워드 를 보고 문장을 완성해 보자.

오늘의 키워드

남북 정상 회담   다문화 가정   외환 위기   촛불 집회   햇볕 정책

용선생
역사반

접속 멤버: 6명

 용선생
새 시대를 향하여!

 왕수재
세계를 누비는 우리 문화!

 곽두기
장롱 속에 잠자던 금붙이들이 은행으로~!

 장하다
북한으로 가는 소 떼!

 나선애
남과 북이 함께 평화를 외치다!

 허영심
평화롭게 바꾸는 세상!

 '남북의 평화와 대한민국의 발전'에서 기억나는 것을 한 가지씩 얘기해 볼까?

 1990년대 이후로 나라의 위상이 높아지고 한류를 즐기는 사람도 많아졌어요. 우리나라에 들어오는 외국인도 많아서 ⓐ _____ 도 늘어나고 있어요.

경제적으로 풍요로워졌지만 1990년대 말에는 ⓑ _____ 등 어려움도 겪었어.

 남북한은 평화를 위한 노력도 계속하고 있어. 남과 북이 유엔에 동시에 가입한 후 김대중 정부는 ⓒ _____ 을 펼쳤지.

2000년에는 남한의 김대중 대통령과 북한의 김정일 국방 위원장의 역사적인 ⓓ _____ 이 열렸어.

 시민들은 ⓔ _____ , SNS, 시민 단체 활동 등으로 사회에 자신들의 목소리를 내고 있지!

01 1990년 이후의 상황에 대한 설명으로 알맞지 <u>않은</u> 것은 무엇일까?　　　　　(　)

① 김영삼 정부가 지방 자치제를 시행했어.

② 남북한이 동시에 유엔(UN)에 가입했어.

③ 성수 대교와 삼풍 백화점이 무너져 많은 사람이 죽거나 다쳤어.

④ 정부의 규제로 해외여행을 가기가 힘들어졌어.

02 다음은 우리나라의 외환 위기에 대한 설명이야. 　보기　 에서 알맞은 단어를 찾아 빈칸을 채워 보자.

> **보기**
>
> 구조 조정
> 금 모으기
> 빈부 격차

(1) 우리 정부가 국제 통화 기금(IMF)에 긴급 자금을 요청하자, IMF는 돈을 빌려주는

　　 대신 우리나라의 기업들이 ＿＿＿＿＿＿＿＿＿을 할 것을 요구했어.

(2) 국민들은 나라의 빚을 갚기 위해 ＿＿＿＿＿＿＿ 운동을 벌였어.

(3) 외환 위기 이후 비정규직이 늘어나고 ＿＿＿＿＿＿＿도 심해졌어.

03 남한과 북한이 한반도 평화와 통일을 위해 노력한 일에는 O, 틀린 것은 X해 보자.

(1) 1991년에 남과 북이 나란히 유엔에 가입했어. (O / X)

(2) 김대중 정부는 북한에 경제적 지원을 하는 햇볕 정책을 펼쳤어. (O / X)

(3) 금강산 관광 사업이 시작되면서 고위 공직자, 기업인들만 금강산에 갈 수 있었어.
(O / X)

(4) 남쪽에서 자본과 기술을 지원하고 북쪽에서는 토지와 노동력을 제공해 북한의
개성에 공업 단지를 조성했어. (O / X)

04 다음 남북 정상 회담에 관한 표의 빈 칸을 채워 보자.

구분	제1차 남북 정상 회담	제3차 남북 정상 회담
연도	2000년	2018년
관련 인물	㉠_____ 대통령 김정일 국방 위원장	문재인 대통령 김정은 국무 위원장
선언문	㉡_____ 선언	판문점 선언

05 (가)~(라)의 그림 카드를 보고, 일어난 순서대로 써 보자.

(가) 남북의 유엔 동시 가입

(나) 한·일 월드컵 개최

(다) 제1차 남북 정상 회담

(라) 서울 올림픽 개최

(라) → (   ) → (   ) → (   )

06 ㉠에 들어갈 시위 방법은 무엇일까?

>   ㉠   는 누구나 쉽게 참여할 수 있는 축제와 같은 시위 문화를 만들어 냈다. 이는 밤에 시민들이 촛불을 들고 나와 자신들의 주장을 평화롭게 펼치는 방법이다.   ㉠   는 원래 종교계 집회에서 시작됐는데, 2000년대 들어 사회적으로 널리 퍼져 나갔다. 2016년에는 시민들이 이 방법을 통해 대통령의 탄핵을 이끌어 내기도 했다.

★ 다음은 남북 평화에 관한 글이야. (가), (나)의 이야기를 읽고 물음에 알맞은 글을 써 보자.

(가)

I. 2000년 6·15 남북 공동 선언

1. 나라의 통일 문제를 우리 민족끼리 서로 힘을 합쳐 자주적으로 해결해 나가기로 하였다.

3. 이산가족 방문단을 교환하며, *비전향 장기수 문제를 해결하는 등 *인도적 문제를 조속히 풀어 나가기로 하였다.

4. 경제 협력을 통해 민족 경제를 균형적으로 발전시키고, 사회, 문화, 체육 등의 협력과 교류를 활성화하여 서로의 신뢰를 다지기로 하였다.

II. 2007년 남북 관계 발전과 평화 번영을 위한 선언

4. 현 정전 체제를 종식시키고 *항구적인 평화 체제를 구축하기 위한 종전 선언을 협력해 추진하기로 하였다.

5. 경제 협력 사업을 적극 활성화하기로 하였다.

6. 역사, 언어, 교육, 과학 기술, 문화 예술, 체육 등 사회 문화 분야의 교류와 협력을 발전시켜 나가기로 하였다.

III. 2018년 판문점 선언

1. 공동 번영과 자주 통일의 미래를 앞당겨 나갈 것이다.

   - 우리 민족의 미래는 우리 스스로 결정한다는 민족 자주의 원칙을 확인하였다.

   - 민족 분단으로 발생한 인도적 문제를 해결하기 위해 노력하며, 남

비전향 정치적인 신념이나 사상을 다른 것으로 바꾸지 않는 거야.

인도 사람으로서 마땅히 지켜야 하는 도리를 말해.

항구적인 달라지지 않고 오랫동안 이어지는 거야.

상봉 오랫동안 떨어져 지내던 사람들이 서로 만나는 걸 말해.

북 적십자 회담을 개최하여 이산가족, 친척 *상봉을 비롯한 문제들을 협의해 나가기로 하였다.

- 2007년 선언에서 합의한 사업들을 적극 추진해 나가며 1차적으로 동해선 및 경의선 철도와 도로들을 연결하고 활용하기 위한 대책들을 취해 나가기로 하였다.

(나)

선생님: 오늘은 남북의 다양한 교류 사업에 대해 각자의 생각을 친구들과 나누어 보는 시간을 갖도록 하겠습니다.

허영심: 저는 무엇보다 남북 정상의 만남이 인상적이었습니다. 세계인들도 매우 감격하며 보았을 것 같아요. 평화에 대한 가장 확실한 메시지가 아닐까요?

왕수재: 경제 협력도 중요하다고 생각합니다. 남과 북이 가진 자원과 기술, 노동력 등을 결합하면 세계적인 경제 강국이 될 수 있다고 생각합니다.

나선애: 무엇보다 아직도 만나지 못하고 있는 이산가족들의 만남이 더 적극적으로 이뤄져야 한다고 생각해요. 이제 살아 계시는 분이 많지 않으니 더 늦기 전에 이분들의 만남이 이뤄졌으면 좋겠습니다.

장하다: 스포츠나 문화 교류도 더욱 활발하게 이뤄졌으면 좋겠습니다. 정치, 경제적인 문제도 중요하겠지만, 스포츠나 문화를 통한 교류도 서로를 훨씬 더 가깝게 느낄 수 있는 것 같아요.

선생님: 네, 여러분들의 다양한 의견을 들어보았습니다. 남과 북이 앞으로 해야 할 일이 무척 많은 것 같네요. 활발한 교류를 통해 어서 한반도에 완전한 평화가 정착되길 바랍니다.

01 (가)를 읽고 세 개의 선언문을 표로 정리했어. 빈칸을 알맞게 채워 보자.

구분	내용
통일 문제의 주체	우리 민족의 힘을 합쳐 자주적으로 해결.
남북 교류	㉠
이산가족	㉡

02 (나)에서 언급한 남북 협력 사업 가운데 자신이 가장 의미 있다고 생각

하는 사업과 그렇게 생각한 이유를 써 보자.

_____

_____

_____

03 위에서 정리한 내용을 토대로 대한민국이 나아가야 할 방향을 담은 남북

평화 선언문을 써 보자.

_____

_____

_____

_____

_____

01 30회 초급

(가)에 들어갈 주제로 알맞은 것은?

사진으로 보는 1980년대 대한민국

(가)

이산가족 찾기

① 서울 올림픽 개최
② 금강산 관광 시작
③ 경부 고속 도로 개통
④ 한·일 월드컵 축구 대회 개최

02 33회 초급

다음 장면이 생중계된 시기를 연표에서 옳게 고른 것은?

제24회 서울 올림픽 대회

 굴렁쇠를 굴리는 어린이의 모습으로 화합과 평화를 소망하는 올림픽 정신을 표현하고 있습니다.

1962	1977	1997	2004	2010
(가)		(나)	(다)	(라)
제1차 경제 개발 5개년 계획 시작	수출 100억 달러 달성	IMF 구제 금융 요청	경부 고속 철도 개통	서울 G20 정상 회의 개최

① (가)　② (나)　③ (다)　④ (라)

03 35회 중급

(가) 정부 시기에 있었던 사실로 옳은 것은?

(가) 정부의 정책	정치	지방 자치제 전면 실시
	경제	금융 실명제 실시
	외교	경제 협력 개발 기구 (OECD) 가입
	역사 바로 세우기	전두환, 노태우 전직 대통령 구속

① 서독에 광부와 간호사가 파견되었다.
② 제1차 경제 개발 5개년 계획이 추진되었다.
③ 국제 통화 기금(IMF)에 긴급 구제 금융을 요청하였다.
④ 미국의 원조 물자를 기반으로 삼백 산업이 성장하였다.

04 43회 초급

(가) 시기에 볼 수 있는 장면으로 옳지 않은 것은?

1988		2018
	(가)	
제24회 서울 올림픽 대회		제23회 평창 동계 올림픽 대회

① 경부 고속 도로 개통
② 금 모으기 운동
③ 개성 공단 건설 착공
④ 경부 고속 철도 개통

05 _{28회 초급}

(가)~(다)를 일어난 순서대로 옳게 나열한 것은?

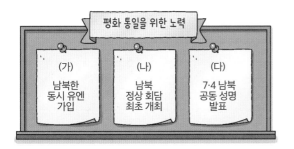

평화 통일을 위한 노력

(가) 남북한 동시 유엔 가입

(나) 남북 정상 회담 최초 개최

(다) 7·4 남북 공동 성명 발표

① (가)-(나)-(다) ② (가)-(다)-(나)
③ (나)-(가)-(다) ④ (다)-(가)-(나)

07 _{46회 초급}

(가)에 들어갈 내용으로 옳은 것은?

나:
최초의 남북 정상 회담 사진이야.

회담 이후 남북 교류가 더욱 활발해졌어.

맞아. 그 결과 ____(가)____

① 유신 헌법이 공포되었어.
② 개성 공단 조성에 합의하였어.
③ 신탁 통치 반대 운동을 전개하였어.
④ 제1차 경제 개발 5개년 계획이 추진되었어.

06 _{44회 초급}

밑줄 그은 '이 인물'로 옳은 것은?

역사 인물 조사 발표회

금강산 관광
IMF구제금융졸업
햇볕정책
외환위기극복 국민의정부 여성부신설
남북정상회담
대통령 베를린선언
6.15남북공동선언
경의선 노벨평화상
국가인권위원회

저희 모둠은 이 인물과 관련된 단어의 조회 수를 검색해 보았습니다. 사람들의 조회 수가 많을수록 글자의 크기가 큽니다.

① 김대중 ② 김영삼
③ 윤보선 ④ 최규하

08 _{34회 초급}

(가)에 들어갈 사진 제목으로 옳은 것은?

사진으로 보는 2000년대 대한민국

(가)

남북한 정상의 만남

시드니 올림픽 남북한 선수단 동시 입장

① 경부 고속 도로 개통
② 한·일 월드컵 축구 대회 개최
③ 남북 기본 합의서 채택
④ 국제 통화 기금(IMF) 지원 협정 체결

사진제공

표지 혼일강리역대국도지도(서울대학교규장각한국학연구원), 을사늑약 풍자화(독립기념관), 동래부 순절도(육군박물관), 헤이그 특사(연합뉴스) | 6 김홍도의 서당(국가유산청) | 8 의궤(서울대학교규장각한국학연구원) | 13 동의보감(국립고궁박물관), 모내기법(연합뉴스) | 18 상평통보(국립민속박물관) | 19 공명첩(국립중앙박물관) | 23 규장각(북앤포토), 화성성역의궤-표지(서울대학교규장각한국학연구원), 화성성역의궤-내지(서울대학교규장각한국학연구원) | 29 김홍도의 대장간(국가유산청), 다산초당(북앤포토), 목민심서(국립중앙박물관), 윤두서 나물 캐는 여인(채애도)(녹우당 문화 예술 재단) | 38 용담정(천도교 자료실), 흥선 대원군(북앤포토) | 39 당백전(국립민속박물관), 척화비(국립중앙박물관) | 43 갑신정변의 주역(독립기념관) | 48 하도감 터(서울역사편찬원) | 49 황토현 전적비(북앤포토) | 50 한국광복군 결성식(독립기념관) | 54 독립신문(국립중앙도서관), 독립문(아카이브코리아/게티이미지코리아), 만민 공동회(재단법인 서재필기념회/한국콘텐츠진흥원 컬처링 www.culturing.kr) | 56 베델(북앤포토), | 60 사직단(북앤포토), 종묘(북앤포토), 광혜원(서울대학교병원 의학역사문화원), 황궁우와 환구단(북앤포토) | 65 안창호(독립기념관) | 66 미국 필라델피아 만세 시위(독립기념관), 제암리 교회(독립기념관), 유관순(국사편찬위원회) | 70 조선 총독부 첨탑(북앤포토), 태형판(북앤포토) | 71 2·8 독립 선언 참여 학생들(독립기념관), 김원봉(몽양여운형선생기념사업회), 여운형(몽양여운형선생기념사업회), 윤봉길(독립기념관) | 76 이봉창(독립기념관) | 81 을지문덕전(국립한글박물관), 조선사연구초(국립한글박물관) | 84 신사 참배(서문당), 일본어 수업(민족문제연구소), 창씨개명 신고식(서문당) | 85 학도병(서문당), 일본군 위안부(서울기록원) | 90 황국 신민 서사 암송(서문당) | 91 알뜨르 비행장 비행기 격납고(북앤포토) | 92 명동 성당 앞 시위(1987)(민주화운동기념사업회, 박용수 제공) | 97 38도선을 넘는 김구 일행(백범김구선생기념사업협회) | 102 김구(백범김구선생기념사업협회), 박은식(독립기념관), 신채호(신채호기념사업회), 5·10 총선거(독립기념관) | 103 미소 공동 위원회(NARA), 5·10 총선거 투표 독려를 위한 전단 뿌림(NARA), 5·10 총선거 투표 독려를 위한 전단 뿌림2(NARA) | 110 전쟁으로 폐허가 된 서울(NARA), 폐허 속의 전쟁 고아(6·25)(NARA), 6·25전쟁으로 파괴된 덕수궁(NARA) | 112 인천 상륙 작전(국가기록원), 피란 중 천막학교(국가기록원), 북한군 남침(공군역사기록관리단), 휴전 협정(NARA), 흥남 철수(NARA), 거제 포로 수용소(NARA) | 113 1.4 후퇴(NARA), 끊어진 한강 다리(연합뉴스) | 118 이한열 장례식(주립희, (사)이한열기념사업회 제공), 장준하(장준하기념사업회), 불에 탄 투표용지(3.15 부정 선거)((사)3.15의거기념사업회), 5.16 군사 정변(국가기록원) | 122 7.4 남북 공동 성명(연합뉴스), 부마 민주 항쟁(제공 : (사)부산민주항쟁기념사업회, 촬영 : 국제신문 사진기자 김탁돈), 제1차 경제 개발 5개년 우표(북앤포토), 경부 고속 도로 준공(국가기록원) | 128 촛불 집회(북앤포토) | 132 이산가족 찾기(연합뉴스) | 133 제1차 남북 정상 회담2(연합뉴스), 시드니 올림픽 남북한 선수단 동시 입장(연합뉴스)

지금껏 없던 과학책이 왔다!

전 40권

용선생의 시끌벅적 과학교실

용선생의 시끌벅적 과학교실

화학 반응

용선생의 과학교실

고흐가 사랑한 노란 물감의 정체는?

용선생 역사 시리즈의 명성 그대로!

용선생이 새롭게 과학수업을 시작합니다!

글 사회평론 과학교육연구소 | 캐릭터 이우일 | 권 당 13,800원

★ 재미있게 술술 읽다 보면 어느새 과학 지식이 머리에 쏙!
★ 실생활 속 호기심을 해결하며 과학적 사고력도 쑥쑥!
★ 생생한 사진, 알찬 4컷 만화로 더욱 즐거운 공부!
★ 과학 교육 전문가들이 5년 동안 심혈을 기울여 개발!
★ 최신 과학 교과서 완벽 반영!

사회평론

문의 02-2191-1182

용선생 교과서 한국사Q

한국사Q

2 조선 후기부터 현대까지

정답 및 해설

사회평론

용선생 교과서
한국사Q

2 조선 후기부터 현대까지

정답 및 해설

사회평론

1-1 전란의 극복과 붕당 정치

STEP 1 ★ 키워드 확인하기 11쪽

> ⊙ 대동법 ⓛ 동의보감 ⓒ 모내기법
> ⓔ 공명첩 ⓜ 붕당 정치

STEP 2 ★ 핵심 문제 풀기 12~14쪽

> **01** ① **02** (1) 방납 (2) 대동법 (3) 경기도
> **03** 예 백성들이 스스로 약재를 찾아 치료할 수
> 있게 하기 위해. **04** (1) O (2) X (3) O (4) X
> **05** 예 (1) 양반 신분이 되었다. (2) 나라의 곡식
> 을 꾸어 먹으며 어렵게 생활했다. **06** ⊙ 동인
> 과 서인 ⓛ 예송 논쟁 ⓒ 환국 정치

01 조선의 세금 중 공납은 그 지역의 특산물을 집집마다 내는 세금을 말해. 특산물을 구할 수 없는 경우도 많아 점차 특산물을 대신 구해 주는 상인들이 나타났지. 이들은 대신 많은 이익을 취했는데 이를 방납이라고 해. 방납의 문제가 심해지자 광해군은 경기도부터 대동법을 시행했어. 대동법은 집집마다 특산물을 내는 대신 가진 토지의 면적에 따라 쌀이나 돈으로 세금을 내게 하는 법이야.

02 (1) 특산물을 대신 구해다 주는 상인들이 대가를 매우 비싸게 받아 백성들의 부담이 늘어났지. 이런 행위를 방납이라고 했어. (2) 광해군 대에는 집집마다 특산물을 내는 대신 가진 토지의 면적에 따라 쌀이나 돈으로 세

금을 내는 대동법을 시행하기로 했어. (3) 대동법은 땅의 많고 적음에 따라 세금의 양이 달라지니, 땅을 많이 가진 양반들의 반대가 심했지. 결국 대동법이 전국적으로 실시되기까지는 무려 100년이 걸렸어.

03 당시 백성들은 중국에서 수입한 값비싼 약재를 거의 구할 수 없었어. 『동의보감』은 우리 땅에서 구할 수 있는 약재를 적고, 그 효능을 밝혀 놓았어. 백성들이 이 책을 보고 주변에서 약재를 찾아 치료할 수 있도록 말이야.

04 (2) 모내기법에서는 이미 자란 모를 옮겨 심었기 때문에 잡초와 구별도 쉬워 잡초를 뽑는 데 일손도 적게 들었어. 그러다 보니 한 사람이 농사지을 수 있는 면적도 넓어졌지.
(4) 모내기법에도 약점은 있었어. 모를 논에 옮겨 심을 때 항상 논에 물이 차 있어야 했지. 모내기법은 물이 많이 필요했어.

05 (1) 『양반전』에서 부자 상민은 양반의 빚을 대신 갚아 주고 그 양반의 신분을 사서 양반이 되고자 했어. 조선 후기에 경제적 여유가 있는 상민들은 공명첩이나 양반 가문의 족보를 사 양반 행세를 하려 했지.
(2) 『양반전』에서 양반은 가난하여 나라의 곡식을 꾸어 먹고 큰 빚을 져야 했어. 중앙 정치에서 밀려난 양반들은 상민과 다름없는 생활을 하거나 지방에서 겨우 세력을 유지했지.

06 ⊙ 최초의 붕당은 선조 때 등장한 동인과 서인이었어. 동인은 이황의 학풍을, 서인은 이이의 학풍을 따르는 사람들이었지. ⓛ 현종 대

에는 서인과 남인이 상복 입는 예법을 두고 논쟁을 벌였는데, 이를 예송 논쟁이라고 해. ㉢ 숙종은 왕권을 강화하기 위해 집권 붕당을 완전히 바꿔 버리는 환국 정치를 펼쳤어.

STEP 3 ★ 생각하며 글쓰기   15~17쪽

> **01** (1) O (2) X (3) X
>
> **02** ④
>
> **03** 예 조선 시대의 열녀 표창은 여성의 신체적, 정신적 자유를 억압했다는 점에서 큰 문제가 있다.
> 먼저 열녀 표창은 여성이 스스로 자신의 인생을 선택할 자유를 빼앗고 여성에게 죽음을 강요하는 것이다. 여성들은 열녀가 되기 위해, 혹은 주변의 강요에 의해 목숨을 끊는 경우도 있었다.
> 또한 조선 정부는 열녀 표창을 통해 여성들에게 정절을 강요하려고 했다. 열녀 표창은 실질적인 혜택이 있었고, 주변에서도 이를 명예로운 것으로 여겼기 때문에 여성들도 점차 열녀가 되는 것을 명예로운 일이라고 생각했을 것이다. 이러한 과정을 통해 여성들은 점차 정절이라는 유교적 도덕관념에 익숙해져 갔다.
> 이처럼 여성의 일방적 희생을 강요했던 조선 시대의 열녀 표창은 잘못된 제도였다.

★ 글 내용: 조선 시대 열녀 표창과 그것의 문제점.

01 (2) 열녀로 인정받으면 마을 앞에 붉은색 문을 세워 주었는데, 사람들은 이를 명예롭게 여겼다고 해. 또한 세금도 면제해 주고, 자식들에게는 벼슬도 주었어.

(3) 처음에는 재가를 하지 않고 수절하면 열녀로 인정받을 수 있었어. 하지만 열녀가 되려는 사람들이 많아지자 점차 목숨을 끊는 등 극단적인 행위를 해야만 열녀로 인정받을 수 있는 상황이 되었어. 열녀가 되기 위한 조건이 극단적으로 변질된 거야.

02 열녀 표창의 문제점에 대해 생각해 보자. 조선 시대에는 여성의 정절을 강조했지만 남성에게는 같은 기준을 적용하지 않았어.

03   **글쓰기 TIP**   열녀 표창의 문제점을 분석하고 이를 바탕으로 조선 시대의 열녀 표창을 비판하는 글을 써 보자.
1) 열녀 표창의 문제점: 조선 정부는 여성에게 정절을 강요하기 위해 열녀를 표창했어. 열녀문을 내려 주고 세금도 면제해 주는 등 실질적인 혜택도 주었지. 그러자 여성들이 열녀가 되기를 원치 않아도 주변 사람들이 여성에게 열녀가 되기를 강요했지. 이런 상황에서 여성들이 할 수 있는 것은 많지 않았을 거야. 게다가 여성들도 점차 가부장적 논리에 동화되어 스스로 열녀가 되겠다는 사람들도 생겨났어. 따라서 조선 시대의 열녀 표창은 여성의 신체적, 정신적 자유를 억압했다고 할 수 있어.
2) 글쓰기
주장: 조선 시대의 열녀 표창은 큰 문제가 있다.
근거
① 여성의 신체적 자유를 억압하기 때문이다 (여성에게 수절과 죽음을 강요).
② 여성의 정신적 자유를 억압하기 때문이다 (여성에게 정절을 강요).

결론: 여성의 일방적 희생을 강요했던 조선 시대의 열녀 표창은 잘못된 제도였다.

한국사능력검정시험 기출 문제
18~19쪽

01 ③	02 ①	03 ④	04 ③
05 ②	06 ④	07 ①	08 ①

01 대동법은 선혜청에서 주관했지. 결수는 조선 시대에 토지의 크기를 세던 단위야. ② 균역법은 영조 대에 군포의 부담을 줄여 주기 위해 시행한 제도야. ④ 영정법은 조선 후기의 토지 세금 제도야.

02 허준이 지은 『동의보감』은 전통 의학을 집대성한 의학서야. ② 『마과회통』은 정약용이 펴냈어. ③ 『의방유취』는 세종 때 편찬한 의학 사전이야. ④ 『향약집성방』은 세종 때 편찬한 우리나라 약재에 관한 책이야.

03 조선 후기에는 보부상들이 활동하고 상평통보가 사용되었어. 이 시기에는 모내기법이 전국적으로 보급되어 농업 생산력이 향상되었지.

04 봇짐장수와 등짐장수를 아울러 일컫는 말은 보부상이었어. ① 객주는 금융, 숙박 등에 종사한 상인이야. ② 공인은 각 지역의 특산품을 구입해 정부에 납품하던 상인이야. ④ 한양의 시장 거리에 있었던 큰 가게에서 일하는 상인들은 시전 상인이야.

05 양란 이후 조선 정부는 재정 부족 문제를 해결하기 위해 공명첩을 발급했어. ① 과거 합격을 증명하는 합격 증서는 홍패라고 불러. ③ 대한 제국 시기에는 지계아문을 설치하고 토지 소유권을 명확히 하기 위해 지계를 발급했지. ④ 대표적으로 신라 촌락 문서가 있어.

06 현종 때 예송 논쟁은 예법을 둘러싼 서인과 남인 사이의 대립이었어. 효종의 장례에 효종의 새어머니인 자의 대비가 몇 년 동안 상복을 입어야 할 것인가를 두고 논쟁을 벌였지. ① 조광조와 그를 따르던 선비들이 화를 입었어. 기묘사화야. ② 조의제문은 김종직이 세조의 왕위 찬탈을 비판한 글이야. 연산군은 김종직과 관련된 선비들을 죽이거나 조정에서 쫓아냈어. 무오사화야. ③ 폐비 윤씨의 아들이었던 연산군은 어머니의 죽음과 관련된 신하들을 쫓아내거나 죽였어. 갑자사화야.

07 인현 왕후는 서인 집안 출신이었고, 장 희빈은 남인의 지지를 받았지. 처음에는 장 희빈의 아들이 세자로 책봉되면서 남인이 권력을 잡았지만, 이후 장 희빈이 쫓겨나면서 다시 서인이 권력을 잡았어. 이렇게 집권 붕당을 완전히 바꿔 버리는 숙종의 정치를 환국 정치라고 해. ② 현량과는 조선 중종 때 조광조의 건의로 시행된 제도야. ④ 초계문신제는 정조가 시행한 정책이야.

08 어부였던 안용복은 일본에 가 울릉도와 독도가 조선의 영토임을 밝히고 돌아왔어. 하지만 조선의 관리를 사칭하고 함부로 외교적인 활동을 했다는 이유로 처벌을 받았다고 해.

1-2 영조와 정조의 개혁 정치와 서민 정치의 발달

STEP 1 ★ 키워드 확인하기   21쪽

> ㉠ 탕평책   ㉡ 규장각   ㉢ 수원 화성
> ㉣ 서민 문화   ㉤ 실학

STEP 2 ★ 핵심 문제 풀기   22~24쪽

> **01** ③   **02** (1) ①, ③ (2) **예** 탕평의 정신을 받들어 능력 있는 사람들을 거두어 쓰자.   **03** (1) 규장각 (2) 초계문신제   **04** 화성성역의궤   **05** ㉠ 김홍도 ㉡ 전기수 박씨 ㉢ 김만덕   **06** (1)-㉠, (2)-㉣, (3)-㉢, (4)-㉡

01 금난전권은 난전을 금지할 수 있는 권리야. 시전 상인들은 이를 이용해 난전 상인들이 장사를 못하게 할 뿐 아니라 그들의 물건을 빼앗기까지 했지. 이런 시전 상인들의 횡포가 사회적 문제가 되자 신하 채제공은 시전 상인의 특혜를 없애자고 건의했어. 정조는 결국 시전 상인들의 금난전권을 없애고, 육의전이 취급하는 물품을 제외한 나머지 물건은 누구나 자유롭게 시장에서 팔 수 있도록 했어.

02 (1) 붕당 정치는 점차 붕당 간의 갈등이 심해지면서 변질되어 갔어. 숙종 대에는 환국 정치로 왕이 정치의 판을 흔들어 붕당 사이의 싸움을 더욱 부채질했지. 그 결과 붕당들은 살아 남기 위해 다른 한쪽을 모두 역적으로 몰고, 자기 편 사람만을 등용하려고 했어.

(2) 영조는 탕평책으로 여러 붕당에서 인재를 고루 채용해 붕당 사이의 싸움을 없애려고 했어. "탕평의 정신을 받들어 능력 있는 사람을 거두어 쓰도록 하라."가 이에 해당되는 내용이지.

03 (1) 정조는 창덕궁 뒤편 정원에 규장각을 짓고 젊고 능력 있는 학자들을 불러 모았어. 규장각은 조선 왕실의 도서관이면서 젊은 학자들의 연구소이기도 했지.

(2) 정조는 젊은 신하들 가운데 인재를 뽑아 맡은 일을 쉬면서 오로지 학문 연구에 전념하게 하는 초계문신 제도를 운영했어.

04 수원 화성 공사의 거의 모든 과정을 정리한 책은 『화성성역의궤』야. 6·25 전쟁으로 크게 훼손된 수원 화성을 『화성성역의궤』 덕분에 이전과 같은 모습으로 복원할 수 있었어.

05 ① 김홍도는 물건을 파는 부부나 훈장 선생님과 아이들, 씨름하는 사람들과 같이 백성의 생활 모습을 담백하게 그렸어. ② 조선 후기에는 한글 소설이 큰 인기를 끌었어. 책을 읽어 주는 전기수라는 직업도 생겼지. ③ 김만덕은 원래 제주도의 기녀였는데, 장사를 잘 해서 큰돈을 모았어. 제주도에 기근이 들자 김만덕은 백성들을 위해 자신의 재산을 내놓았지.

06 ① 유형원은 국가에서 모든 토지를 갖고, 신분에 따라 차이를 두고 토지를 나눠 주자고 했어. ② 박제가는 재물을 우물에 비유해 설명했어. 사람들이 물건을 쓰면 쓸수록 더 좋은 물건이 세상에 많이 나오고, 이렇게 상공

업이 발달하면 나라 경제도 성공한다고 본 거야. ③ 정약용은 마을의 토지를 공동으로 가져 함께 일하고, 세금을 제외한 나머지 생산물은 일한 만큼 나눠 갖자고 했어. ④ 박지원은 『열하일기』를 지어 청나라의 발전된 문물을 조선에 소개하고, 조선도 수레와 선박을 적극적으로 사용해 나라에 물자가 활발하게 돌 수 있도록 해야 한다고 주장했어.

STEP 3 ★ 생각하며 글쓰기　　　25~27쪽

> **01** ②
> **02** 예 ㉠ 영업전 ㉡ 백성은 가진 땅을 항상 지켜서 살아가는 데 도움이 될 것이다.
> **03** 예 ㉠ 한 집마다 영업전을 마련합니다. 영업전만은 팔지 못하게 하면 농민이 땅을 잃을 염려는 없을 거라고 생각합니다.
> ㉡ 사려는 자는 영업전을 빼앗은 죄로 다스리고 판 사람은 몰래 판 죄로 다스려야겠지요.

★ (가)의 내용: 땅을 팔아 먹고 살기 어려워진 농민들.

★ (나)의 내용: 백성들이 땅을 잃고 가난해지는 문제에 대한 이익의 해결책.
　1문단: 다양한 이유로 땅을 판 백성들의 생활이 더욱 어려워짐.
　2, 3문단: 이익이 해결책으로 영업전을 나누어 줄 것을 제시함.
　4문단: 백성들이 조그만 땅이라도 지켜서 먹고살도록 해야 함.

01 땅을 판 농민들은 남의 집을 돌아다니며 소일거리를 해 먹고 살 수밖에 없었어. 하지만 먹고살 길은 더욱 막막해졌지. 따라서 품을 팔면 부자가 되었다는 ②번 보기의 내용은 옳지 않아.

02 (나)를 읽고 이익이 제시한 해결책과 방해 요소를 정리해 보자.
　1) 이익은 국가에서 한 가족이 살아갈 수 있는 경제력을 계산하여 일정한 규모의 토지를 나누어 주어야 한다고 생각했어. 이익은 그 땅을 영업전이라고 불렀지.
　2) 이익은 백성에게 영업전이 생기면 더 이상 땅을 잃지 않을 거라고 생각했어. 백성들이 영업전을 항상 지켜서 농사지어 먹고산다면 살아가는 데 도움이 될 것으로 기대했지.

03 (가), (나)를 읽고 이익의 생각을 잘 정리해 기자의 질문에 답해보자.
　㉠ 이익은 농민들이 땅을 잃게 해서는 안 된다고 주장했어. 이를 위해 집집마다 영업전을 나누어 주고 영업전만은 팔지 못하게 한다면 농민이 땅을 잃을 염려는 없을 것이라고 생각했어. ㉡ 영업전은 사고팔 수 없는 토지였어. 이익은 만약 영업전을 사고파는 사람이 있다면 엄격하게 죄로 다스려야 한다고 말했지.

한국사능력검정시험 기출 문제
28~29쪽

01 ②	02 ②	03 ①	04 ①
05 ②	06 ①	07 ①	08 ③

01 균역법을 시행하고 청계천을 정비한 왕은 영

조야. 영조는 붕당 간의 싸움을 없애기 위해 탕평책을 실시했어. ① 척화비는 흥선 대원군이 서양 세력을 배척하기 위해 세운 비석이야. ④ 전국을 8도로 나눈 왕은 태종이야.

02 수원 화성을 지은 왕은 정조야. 조선 최고의 법전인 『경국대전』은 세조 때 편찬하기 시작해서 성종 때 완성되었어. ① 정조는 친위 부대인 장용영을 설치해 왕권을 강화하려 했어. ③ 정조는 초계문신제를 실시해 젊은 신하들이 학문에 집중할 수 있도록 했어. ④ 정조는 규장각의 기능을 강화해 젊고 능력 있는 학자들을 키웠어.

03 과전법은 고려 말 이성계가 신진 사대부들과 함께 시행한 토지 제도야. 과전법의 실시로 권문세족의 힘이 크게 약화되었지. ② 조선 후기에는 모내기법이 전국으로 확산되어 농업 생산량이 크게 높아졌어. ③ 상평통보는 숙종 대에 전국적으로 사용되었지. ④ 장시는 조선 후기에 전국 곳곳에서 열렸어.

04 굶주리는 제주 백성들을 위해 자신의 재산을 기부한 제주의 사회 활동가는 김만덕이야. 원래는 기녀였는데, 장사를 잘해서 큰 재산을 모았다고 해. 당시 임금이었던 정조는 금강산으로 여행을 가고 싶다는 김만덕의 소원을 들어주었어. ④ 허난설헌은 선조 때의 시인이야. 『홍길동전』을 지은 허균의 누이야.

05 상감 청자는 고려 시대에 유행했던 도자기야. 조선 후기 서민 문화와는 큰 관련이 없어.

06 신윤복은 남녀의 사랑을 주제로 한 그림을 많이 그렸어. 여성의 머리 모양이나 옷 주름까지도 자세하게 그렸지. 신윤복의 대표적인 그림으로는 ① 「미인도」가 있어. ② 윤두서가 그린 「나물 캐는 여인」이라는 그림이야. ③ 김홍도가 그린 「서당」이라는 그림이야. ④ 김홍도가 그린 「대장간」이라는 그림이야.

07 유배 생활을 하면서 『목민심서』 등 여러 책을 쓴 인물은 정약용이야. 정약용은 정조의 명으로 수원 화성을 건설할 때 무거운 돌을 들어올리는 기구인 거중기를 설계했어. ② 추사체는 조선 후기 학자인 김정희의 글씨체야. ③ 『열하일기』는 박지원이 청나라를 다녀온 후 작성한 견문록이야. ④ 『대동여지도』는 김정호가 만든 우리나라 전도야.

08 박지원은 청나라를 방문했을 때 보고 들은 내용을 바탕으로 『열하일기』를 지었어. 조선에서도 수레와 선박을 적극적으로 사용해야 한다고 주장했지. ① 송시열은 조선 후기의 학자이자 정치가야. ② 홍대용은 조선 후기의 실학자로, 서양의 과학을 배워 지구가 스스로 돈다고 주장했어. ④ 박제가는 청나라를 방문했을 때의 경험을 바탕으로 『북학의』를 저술하고, 재물을 우물에 비유하여 소비를 권장했어.

1-3 세도 정치와 외세의 침입

STEP 1 ★ 키워드 확인하기   31쪽

> ㉠ 세도 정치   ㉡ 천주교   ㉢ 농민 봉기
> ㉣ 흥선 대원군   ㉤ 척화비

STEP 2 ★ 핵심 문제 풀기   32~34쪽

> **01** ④   **02** (1) ㉠ 군포, ㉡ 전세 (2) ㉠ 환곡,
> ㉡ 관청에서 못 먹을 정도의 쌀을 백성에게 강
> 제로 떠넘기고는 가을에 비싼 이자를 붙여 거둬
> 갔음.   **03** ④   **04** (1) ㉡ 서당 → 서원 (2) ㉣
> 받아들임. → 거부함.   **05** ①-㉡, ②-㉠, ③-㉢,
> ④-㉠   **06** (다)-(가)-(나)

01 최제우는 서학에 반대한다는 의미로 동학을 창시했어. 동학은 유교와 불교, 도교에다 전통적인 민간 신앙까지 합쳐 만든 종교였지.

02 (1) 당시는 나라에서 마을 단위로 내야 할 군포의 양을 정해 주었어. 그래서 군포를 내야 할 사람이 도망가 버리면 다른 사람들이 그 몫까지 내야만 했지. 전세는 땅을 가진 사람들이 내야 하지만 지주가 소작인에게 떠넘기기도 했지. 게다가 관청에서는 각종 명목을 붙여 정해진 세금보다 훨씬 많은 양을 가져갔어.
(2) 봄에 좀먹은 쌀 한 말을 받고 가을에 온전한 쌀 두 말을 갚는다는 것으로 보아 환곡에 대한 지적이야. 환곡은 원래 가난한 백성을 위한 제도였는데, 세금처럼 바뀌었어. 19세

기에는 관청에서 못 먹을 정도의 쌀을 강제로 떠넘기고는 가을에 비싼 이자를 붙여 거둬갔어. 거둬 갈 때는 온전한 쌀로 가져갔지.

03 만적은 고려 무신 정권 시기의 인물로, 개경에 살던 노비였어.

04 ㉡ 흥선 대원군은 면세 혜택을 받고 있던 서원을 47개만 남기고 모두 헐어 버렸어. 유생들에게는 커다란 반발을 샀지만 백성들에게는 큰 호응을 얻었지. ㉣ 흥선 대원군은 병인양요와 신미양요를 겪은 이후 다른 나라의 통상 요구를 강경하게 거부했어.

05 ①, ③ 프랑스는 조선의 천주교 박해를 구실로 병인양요를 일으켰어. 양헌수 장군은 프랑스 군대를 정족산성에서 물리쳤어. 하지만 프랑스 군대는 강화도에서 후퇴하면서 외규장각의 서적과 문화재를 약탈해 갔어. ②, ④ 미군은 제너럴셔먼호 사건을 구실로 강화도에 쳐들어왔어. 신미양요라고 해. 어재연 장군과 병사들이 목숨을 걸고 싸웠지만 패했지. 미군은 어재연 장군의 수자기를 빼앗아 갔어.

06 1862년 전국 70여 곳에서 농민 봉기가 일어났는데, 이를 임술 농민 봉기라고 해. 임술 농민 봉기가 일어난 이듬해 고종이 왕위에 오르고 흥선 대원군이 권력을 잡았어. 흥선 대원군이 천주교를 박해하자 이를 구실로 프랑스가 강화도에 쳐들어왔지. 병인양요야. 같은 해에 미국 국적의 상선인 제너럴셔먼호가 평양까지 와서 통상을 요구하자 평양의 군사들과 백성들이 제너럴셔먼호를 불태웠어. 미국

은 이를 핑계로 강화도에 쳐들어왔는데, 신미 양요라고 해. 이후 흥선 대원군은 전국에 척화비를 세워 통상 수교 거부 정책을 백성들에게 알렸지.

STEP 3 ★ 생각하며 글쓰기   35~37쪽

01 ㉠ 호포제 ㉡ 서원은 각종 혜택을 누리면서도 백성들을 마구 부리고 재물도 빼앗고 있었다. ㉢ 강하게 반대(불만)

02 예 ㉠ "우리를 마구 부리던 서원이 없어지면 살기 좋아지지 않을까?"
㉡ "원하지도 않았는데 돈을 거두어 가니 원망스럽다."

03 예 흥선 대원군 합하께.
저희 백성들은 합하께서 호포제를 실시해 백성들의 군포 부담을 덜어 주시고, 백성들을 마음대로 부리고 재물을 빼앗아 가던 서원을 철폐해 주신 것을 항상 감사하게 생각하고 있습니다.
하지만 요즘 경복궁을 다시 짓는다는 명목으로 정부에서 백성들에게 거둬 가는 돈이 너무 많습니다. 조선 팔도의 부자들 중에는 원납전을 내고 망하는 사람들이 많으며, 일반 백성들에게도 여러 가지 명목으로 돈을 거둬 가니 먹고살기가 매우 어려워졌습니다. 백성들의 어려운 사정을 살펴 거둬 가는 돈의 액수를 줄여 주시거나 경복궁 짓는 일을 중단해 주시기를 간곡히 부탁드립니다.

★ (가)의 내용: 흥선 대원군이 신하들에게 호포제 실시와 서원 철폐에 대한 의지를 밝힘.

★ (나)의 내용: 경복궁을 지을 돈이 부족하자 정부에서 백성들에게 돈을 거두어들임.

01 (가)를 읽고 호포제와 서원 철폐에 관한 정보들을 정리해 보자.
㉠ 흥선 대원군은 신하들이 세금을 내고 있지 않기 때문에 백성들이 더 무거운 세금을 내고 있다고 생각했어. 그래서 호포제를 실시해 양반들에게도 군포를 부과했지.
㉡ 흥선 대원군은 서원이 각종 혜택을 누리면서도 본래의 취지에서 벗어나 백성들을 마구 부리고 재물을 빼앗는 곳이 되어 버렸다고 생각했어.
㉢ 흥선 대원군의 서원 철폐에 대해 양반과 유생들은 강하게 반대했어. 이들은 대궐 앞에 모여 서월 철폐를 반대하는 상소를 올리기도 했지.

02 (가)와 (나)를 읽고 흥선 대원군의 정책에 대한 백성들의 반응을 추측해 보자.
(1) 호포제: 양반들에게도 군포를 거두어 백성들의 부담을 줄여 주려는 제도였어.
(2) 서원 철폐: 많은 서원들이 농번기나 제사 때마다 백성들을 맘대로 부리고 재물을 빼앗아 가기도 했어. 백성들은 서원이 사라지면 살기 좋아질 것이라고 생각했을 거야.
(3) 경복궁 중건: 정부는 경복궁을 지을 재정이 모자라자 백성들로부터 갖은 방법으로 돈을 거두었어. 백성들은 돈이 부족하다면 굳이 경복궁을 지을 필요가 없다고 생각했을 거야.
(4) 원납전: 정부에서는 부자들에게서 원납전을 거두었어. 돈을 빼앗긴 사람들은 정부가 원망스러웠을 거야.

03 **글쓰기 TIP** (나)에 나타난 흥선 대원군 정책의 문제점들을 중심으로 청원서를 작성해

보자.
① 흥선 대원군 정책에 대한 기대: 호포제를 실시해 백성들의 부담을 덜어 주고, 백성들을 괴롭히던 서원을 철폐함.
② 흥선 대원군 정책에 대한 실망: 경복궁을 짓는다는 명목으로 정부에서 백성들에게 거둬 가는 돈이 너무 많음.
③ 국가 정책에 대한 비판: 원납전 때문에 망하는 사람들이 많고, 일반 백성들에게도 갖은 명목으로 돈을 거둬 백성들이 먹고살기가 어려워짐.
④ 요구 사항: 나라에서 거두어 가는 돈의 액수를 줄여 주거나, 경복궁을 짓는 일을 중단해 달라.

한국사능력검정시험 기출 문제
38~39쪽

01 ④	02 ①	03 ①	04 ③
05 ④	06 ①	07 ②	08 ④

01 환곡은 점점 강제로 질 낮은 곡식을 빌려 주고 비싼 이자를 받아 백성을 수탈하는 수단으로 변질되어 갔어.

02 최제우가 창시한 종교는 동학이야. ③ 원불교는 일제 강점기에 박중빈이 창시한 한국의 새로운 불교 종파야.

03 세도 정치 시기에는 탐관오리의 폭정에 반발하여 전국적으로 농민들이 들고일어났어. 임술 농민 봉기야. ④ 임꺽정은 조선 중기에 황해도 지역에서 일어난 도적이야.

04 세종은 집현전을 확대 개편하여 이곳에서 인재들을 길렀어.

05 당백전은 경복궁 중건을 위한 재정을 확보하기 위해 발행한 동전이야. ① 『속대전』은 영조 때 편찬된 법전이야. ② 삼정이정청은 삼정의 폐단을 고치기 위해 1862년에 임시로 만든 관청이야. ③ 백두산정계비는 숙종 때 청나라와 조선의 국경을 정하기 위해 백두산에 세운 비석이야.

06 병인양요에 대한 설명이야. ② 러·일 전쟁은 대한 제국과 만주의 지배권을 두고 러시아와 일본이 벌인 전쟁이야. ③ 청·일 전쟁은 청나라와 일본이 조선의 지배권을 두고 다툰 전쟁이야. ④ 봉오동 전투는 독립군이 만주의 봉오동에서 일본군에 크게 이긴 전투야.

07 평양 사람들이 미국 상선 제너럴셔먼호를 불태운 것을 구실로 하여 미군이 강화도에 쳐들어왔어. ③ 나선 정벌은 효종 때 청나라 군대와 조선군이 러시아 군대와 싸운 전쟁을 말해. ④ 아관 파천은 고종이 러시아 공사관으로 피신한 사건이야.

08 흥선 대원군은 병인양요와 신미양요를 겪은 후 서양 세력과 교류하지 않겠다는 뜻에서 척화비를 세웠어.

1-4 근대 국가를 건설하려는 노력

STEP 1 ★ 키워드 확인하기   41쪽

⊙ 강화도 조약   ⓛ 개화   ⓒ 임오군란
ⓔ 갑신정변   ⓜ 동학 농민 운동

STEP 2 ★ 핵심 문제 풀기   42~44쪽

01 ②   **02** ②   **03** ⊙ 온건 개화파 ⓛ 김옥균,
박영효, 홍영식, 서재필 ⓒ 일본을 모델로 해서
서양의 법과 제도까지 적극적으로 받아들이자.
04 ①   **05** (가)-(라)-(다)-(바)-(나)-(마)

01 강화도 조약은 조선이 외국과 맺은 최초의 근
대적 조약이지. ① 조선은 강화도 조약으로
부산, 인천, 원산의 세 항구를 일본에 열게 되
었어. ③ 강화도 조약은 조선이 불리한 입장에
서 맺은 불평등 조약이야. ④ 강화도 조약은
운요호 사건을 계기로 맺어진 조약이야.

02 신식 군대인 별기군에 비해 차별을 받던 구식
군대 군인들이 일으킨 반란은 임오군란이야.
반란이 일어나자 청나라 군대가 개입하여 흥
선 대원군을 납치하고 반란을 진압했어.

03 개화를 추진하던 신하들은 크게 온건 개화
파와 급진 개화파로 나뉘었어. 온건 개화파로
는 김홍집, 김윤식, 어윤중 같은 인물들이 대
표적이었지. 이들은 청나라에 의지하면서, 조
선의 제도와 사상을 유지하고 서양의 기술
만 받아들이자고 했어. 급진 개화파에는 김옥

균, 박영효, 홍영식, 서재필 등이 있었어. 일본
을 모델로 해서 서양의 법과 제도까지도 적극
적으로 받아들여 조선을 빠르게 서양식 근대
국가로 바꾸어야 한다고 주장했어.

04 김옥균 등 급진 개화파가 우정총국 개국
축하연에서 일으킨 사건은 갑신정변이야.
이들은 일본의 지원을 받아 권력을 차지하
는 데 성공했지만 결국 청나라의 개입으로
실패하고 말았어. ② 강화도 조약은 조선이
일본과 맺은 통상 조약이야. ③ 임오군란은
신식 군대인 별기군에 비해 차별 대우를 받고
있던 구식 군대가 일으킨 반란이야. ④ 동학
농민 운동은 동학교도들과 농민들이 탐관오
리의 수탈에 반발하여 일으킨 봉기야.

05 (가) 전라도 고부의 군수였던 조병갑이 백성
들을 수탈하자 동학 지도자였던 전봉준은
손화중, 김개남 등과 함께 봉기를 일으켰어.
(라) 동학 농민군은 관군과의 전투에서 승
리해 전주성을 점령하고 전라도 일대를 장악
했어. (다) 조선 정부는 청나라에 지원군을 요
청했어. 청나라가 군대를 파병하기로 하자 일
본도 조선에 있는 자국민을 보호하겠다는 구
실로 군대를 파견했지. (바) 동학 농민군은 외
국군의 개입을 막아야 한다고 생각했어. 그래
서 정부에 폐정 개혁안을 제시했지. 정부군은
농민군의 개혁안을 실천하겠다고 약속했어.
(나) 하지만 조선에 들어온 일본군은 경복궁
을 점령해 고종을 위협하고, 청일 전쟁을 일
으켰어. (마) 동학 농민군은 일본을 몰아내기
위해 다시 일어났어. 청일 전쟁에서 승리를 거
둔 일본은 조선 정부에 동학 농민군의 토벌을

함께하겠다고 제안했어. 관군과 일본군은 우금치에서 농민군과 전투를 벌였어. 농민군은 참혹하게 패배하고 말았지.

> **01** 예 ㉠ 갖은 명목으로 세금을 거두어 세금 부담이 과중했다.
> ㉡ 신분에 따른 사회적 차별이 심했다.
> ㉢ 일본 상인들이 쌀을 마구 사들여 백성들이 먹을 쌀이 부족했다.
> **02** 예 ㉠ 부자들과 양반의 횡포를 막고 정해진 항목 이외에 마구 걷는 세금을 금지할 것.
> ㉡ 노비 문서를 불태우고 천민에 대한 차별을 개선하며, 젊어서 과부가 된 여성의 재혼을 허용할 것.
> ㉢ 일본과 통하는 자는 엄중히 처벌할 것.
> **03** 예 첫째, 정부가 개혁안을 지킨다면 우리도 나랏일에 최대한 협력할 것이다.
> 둘째, 정당한 이유 없이 과중한 세금을 거두는 탐관오리를 조사하여 엄중히 처벌한다.
> 셋째, 천민에 대한 차별을 개선하고 신분 제도를 없앤다.
> 넷째, 외국 상인들이 들어와 조선의 쌀을 마구 사들이는 것을 엄격히 금지한다.

★ (가)의 내용: 농민들이 생활의 어려움을 성토함.
★ (나)의 내용: 폐정 개혁안의 주요 내용.

01 (가)에서 동학 농민 운동 당시 농민들의 생활을 알 수 있어.
㉠ 농민2에 따르면, 탐관오리들은 갖가지 명목으로 세금을 거두어 갔어. 세금은 백성들의 생활에 큰 부담이 되었을 거야.
㉡ 농민3에 따르면, 관노비의 후손들은 여전히 사회적으로 차별 받고 있었어. 당시 신분에 따른 차별이 심했음을 알 수 있어.
㉢ 농민5에 따르면, 일본 상인들이 쌀을 마구잡이로 사들여 백성들이 먹을 쌀이 부족해졌어.

02 (나) 폐정 개혁안의 주요 내용을 항목별로 정리해 보자.
경제: ① 부자들과 양반의 횡포를 막는다. ② 정해진 항목 이외에 마구 걷는 세금을 금지한다.
사회: ① 노비 문서를 불태우고 천민에 대한 차별을 개선한다. ② 젊어서 과부가 된 여성의 재혼을 허락한다.
외교: ① 일본과 통하는 자는 엄중히 처벌한다.

03 **글쓰기 TIP** (가) 농민들의 상황을 개선하기 위한 개혁안을 만들어 보자. (나)에 나오는 폐정 개혁안의 내용도 참고하자.
● 농민들의 상황(**01**번 항목을 참고하자.)
① 세금: 관리들이 갖은 명목으로 세금을 거두어 세금 부담이 과중했다.
→ 개혁안: 정당한 이유 없이 과중한 세금을 거두는 탐관오리를 조사하여 엄중히 처벌한다.
② 신분 차별: 신분에 따른 사회적 차별이 심했다.
→ 개혁안: 천민에 대한 차별을 개선하고 신분 제도를 없앤다.
③ 외세의 침입: 일본 상인들이 쌀을 마구 사들여 백성들이 먹을 쌀이 부족하다.

→ 개혁안: 외국 상인들이 들어와 조선의 쌀을 마구 사들이는 것을 엄격히 금지한다.

한국사능력검정시험 기출 문제
48~49쪽

| 01 ② | 02 ② | 03 ③ | 04 ① |
| 05 ④ | 06 ① | 07 ④ | 08 ① |

01 최익현은 을사늑약이 체결된 이후에는 의병을 이끌고 일본의 침략에 저항했어. ① 서재필은 1896년 『독립신문』을 창간했어. ③ 조만식은 민족 기업을 살리기 위해 물산 장려 운동을 이끌었지. ④ 대한 제국 시기에 서상돈 등이 국채 보상 운동을 주도했어.

02 강화도 조약은 일본이 운요호 사건에 대해 조선의 책임을 물으며 맺어진 조약이야. ① 105인 사건은 조선 총독부가 신민회를 비롯한 민족 운동 세력을 탄압하기 위해 조작한 사건이야. ③ 고종이 을사늑약의 부당함을 알리기 위해 네덜란드 헤이그에서 열리는 만국평화회의에 특사를 파견한 사건이야.

03 운요호 사건을 계기로 일본과 맺은 조약은 강화도 조약이야. 조선의 항구에서 일본인이 조선인에게 범죄를 저질러도 조선의 법이 아니라 일본의 법으로 심판하는 '치외법권'을 인정한다는 조항도 있었어. ① 통감부는 을사늑약이 체결된 이후 일본이 대한 제국을 통제하기 위해 설치한 기관이야. ② 강화도 조약에 일본에 배상금을 지불한다는 내용은 없었어. ④ 일본군의 조선 주둔을 허용한 조약은 임오군란 이후 맺어진 제물포 조약이야.

04 1882년 임오군란이 일어났어. 구식 군대 군인들은 별기군을 훈련시키던 일본인 교관을 살해하고, 일본 공사관을 습격해 불태웠어. 조정에서는 청나라에 군대를 요청했는데, 청나라 군대는 이 사태의 책임을 묻는다며 흥선 대원군을 납치하고 난을 진압했어. 이후 청나라는 조선에 군대를 주둔시키고 내정에 간섭하기 시작했지. ④ 통리기무아문은 고종 때 개화 정책을 담당하는 관청이야.

05 우리나라 최초의 근대 우편 업무를 담당했던 기관은 우정총국이야. ① 광혜원은 1885년에 세워진 조선 최초의 근대적 의료 기관이야. ② 원각사는 1908년에 세워진 한국 최초의 서양식 극장이야. ③ 환구단은 황제가 하늘에 제사를 지내는 곳이야.

06 김옥균을 중심으로 한 급진 개화파가 우정총국 개국 축하연에서 일으킨 사건은 갑신정변이야. ② 을미사변은 일본의 자객들이 왕비 민씨를 살해한 사건이야. ③ 정미의병은 고종의 강제 퇴위, 군대 해산 등을 계기로 일어난 의병이야. ④ 아관 파천은 고종이 러시아 공사관으로 피신한 사건이야.

07 1894년에 농민들이 제폭구민과 보국안민을 내걸고 봉기한 사건은 동학 농민 운동이야.

08 홍경래의 난은 1811년 평안도 지역의 각계각층이 참여한 농민 봉기 가운데 하나야.

2-1 나라를 지키기 위한 노력

STEP 1 ★ 키워드 확인하기   53쪽

⊙ 독립 협회   ⓒ 대한 제국   ⓒ 을사늑약
ⓔ 헤이그 특사   ⓜ 안중근

STEP 2 ★ 핵심 문제 풀기   54~56쪽

01 ③   **02** (가)-ⓒ-③, (나)-ⓒ-①, (다)-⊙-②
03 (1) X (2) X (3) O (4) X
04 ⊙ 이토 히로부미 ⓒ 외교권 ⓒ 고종 ⓔ 헤이그 특사   **05** (가)-ⓒ, (나)-ⓒ, (다)-⊙
06 ③

01 을미사변 이후 일본은 노골적으로 조선의 정치에 간섭했어. 그때까지 써 오던 음력이 아닌 양력을 쓰도록 했고, 서양인들처럼 머리를 짧게 자르라는 단발령을 내리게 했지.

02 (가) 『독립신문』은 갑신정변에 참여했던 서재필이 귀국해 창간했어. 한글과 영어 두 버전으로 제작했지.
(나) 독립문은 독립 협회가 성금을 모아 청나라 사신을 맞이하던 영은문을 헐고 세웠지.
(다) 만민 공동회에서는 누구나 자유롭게 참여해 나랏일에 대해 이야기할 수 있었어.

03 (1) 대한국 국제를 반포한 나라의 이름은 대한 제국이야.
(2) 고종은 환구단에서 황제로 즉위했어.
(4) 고종은 '위정척사'가 아니라 '구본신참'을 개혁의 원칙으로 삼았어. 구본신참은 옛것을 근본으로 하고 새로운 것을 참고한다는 의미야. 위정척사는 올바른 것을 지키고 사악한 것을 배척한다는 의미로, 여기서 사악한 것은 서양의 문물과 사상을 의미해.

04 ⊙ 1905년 일본의 특사로 대한 제국에 온 이토 히로부미는 고종과 대신들을 총칼로 위협해 조선이 일본의 보호를 받는다는 내용의 협약인 을사늑약을 강제로 체결하게 했어. ⓒ 을사늑약으로 일본은 대한 제국의 외교권을 빼앗았어. ⓒ 하지만 을사늑약은 고종의 동의 없이 이루어졌고, 일본의 위협과 강제에 의해 맺어졌다는 점, 대한 제국의 법률을 무시했다는 점에서 정식 조약으로 인정할 수 없어. ⓔ 고종은 을사늑약의 부당함을 국제 사회에 알리기 위해 네덜란드 헤이그에서 열린 만국 평화 회의에 헤이그 특사를 보냈어.

05 (가) 영국 출신 언론인인 베델은 한국인 양기탁과 함께 『대한매일신보』를 창간했어. 일본의 침략 행위를 비판하고 의병 행동을 알렸지.
(나) 정미의병은 고종의 강제 퇴위와 군대 해산을 계기로 일어난 의병이야.
(다) 안중근은 하얼빈 역에서 한국 침략에 앞장섰던 이토 히로부미를 권총으로 저격해 사살했어.

06 이승훈과 안창호는 교육과 언론 활동을 활발히 벌였어. 이승훈은 오산 학교를 설립하고, 안창호는 대성 학교를 설립했지.

01 ㉠ 대한 제국 ㉡ 서울과 지방의 군대를 확대 개편함. ㉢ 공장을 설립하고 외국에 유학생을 파견하여 기술을 배워 오게 함.

02 ㉠ 민주 공화국 ㉡ 주권은 국민에게 있고, 모든 권력은 국민으로부터 나옴. ㉢ 황제가 가지고 있음.

03 예 고종은 1897년 나라 이름을 대한 제국으로 고치고 황제 즉위식을 가졌다. 고종은 옛것을 근본으로 하고 새 것을 참고한다는 구본신참을 개혁의 원칙으로 삼고 여러 개혁을 실시했다.

우선 서울과 지방의 군대를 확대 개편했다. 또한 공장을 설립하고 외국에 유학생을 보내 기술을 배워 오게 하여 산업을 발전시키려 했다. 그리고 근대적 교육 기관과 의료 기관을 설립하기도 했다.

하지만 대한 제국은 모든 권력을 황제에게 집중시켜 백성들의 권리를 보장하는 데에는 관심이 부족했다.

★ (가)의 내용: 고종이 대한 제국을 선포하고 개혁을 실시함.

　1문단: 고종이 대한 제국의 황제로 즉위함.

　2문단: 고종은 구본신참의 뜻으로 개혁을 추진함.

　3문단: 고종이 여러 나라와 외교 활동을 벌임.

　4문단: 고종이 대한 제국의 산업과 사회를 개혁함.

　5문단: 대한 제국은 모든 권력을 황제에게 집중시켜야 함.

★ (나)의 내용: 대한국 국제와 대한민국 헌법 비교.

01 (가)에 나타난 대한 제국의 개혁 내용을 정리해 보자.

　① 나라 이름: 대한 제국

　② 개혁 이념: 구본신참. 옛것을 근본으로 하고 새 것을 참고함.

　③ 정치: 황제국이 되었음.

　④ 군사: 서울과 지방의 군대를 확대 개편함.

　⑤ 산업: 공장을 설립하고 외국에 유학생을 파견하여 기술을 배워 오게 함.

　⑥ 사회: 근대적 교육 기관과 의료 기관 설립.

02 (나)에 나타난 대한국 국제와 대한민국 헌법의 내용을 비교해 보자.

　① 정치 체제: 대한 제국은 황제가 무한한 권력을 갖는 전제 정치 체제였지만, 대한민국은 국민이 주권을 가진 민주 공화국이야.

　② 입법권: 대한 제국에서는 황제가 입법권을 가지고 있었지만, 대한민국에서는 국회가 입법권을 갖고 있어.

　③ 나라의 주권: 대한 제국에서는 황제가 무한한 군주권을 가졌지만, 대한민국에서는 국민에게 주권이 있어.

03　**글쓰기 TIP**　(가), (나)에서 정리한 내용을 바탕으로 대한 제국의 개혁 내용을 쓰고 그 한계를 생각해 보자. 개혁 내용은 '잘한 점', 한계는 '하지 못한 점'이라고 생각하며 써 보자.

1) 대한 제국의 개혁 내용

　① 개혁 이념: 구본신참(옛것을 근본으로 하고 새 것을 참고함).

　② 군사: 서울과 지방의 군대를 확대 개편함.

　③ 산업: 공장을 설립하고 외국에 유학생을 파견하여 기술을 배워 오게 함.

④ 사회: 근대적 교육 기관과 의료 기관 설립.
2) 대한 제국 개혁의 한계: 대한 제국은 모든 권력이 황제에게 집중되어 있었던 반면, 백성들의 권리를 보장하는 데는 관심을 기울이지 않았음.

한국사능력검정시험 기출 문제
60~61쪽

01 ②	**02** ④	**03** ②	**04** ④
05 ②	**06** ③	**07** ②	**08** ①

01 도량형 통일, 과거제 폐지, 신분제 폐지, 세금의 금납화 등을 주요 내용으로 하는 (가)는 갑오개혁이야.

02 왕과 세자가 러시아 공사관으로 거처를 옮긴 사건은 1896년에 벌어진 아관 파천이야. 1895년 을미사변으로 왕비 민씨가 일본인들에게 시해되자 고종은 신변의 위협을 느끼고 조선의 왕궁을 떠나 러시아 공사관에 머물렀어.

03 서재필, 이상재 등이 창립한 (가) 단체는 독립 협회야. 청나라 사신을 맞이하던 영은문을 헐고 그 자리에 독립문과 독립 공원을 조성했어. 만민 공동회라는 민중 대회를 열어서 백성들이 누구나 자기 생각을 표현할 수 있도록 했어. ① 태극 서관은 1905년에 신민회가 평양에 설립한 서점이야.

04 고종이 하늘에 제사를 지내고 황제 즉위식을 거행한 장소는 환구단이야. ② 광혜원은 조선 최초의 근대 의료 기관이야.

05 고종은 을사늑약 체결의 부당함을 알리기 위해 헤이그의 만국 평화 회의에 이준, 이상설, 이위종을 특사로 파견했어. ① 신간회는 1927년에 민족주의자들과 사회주의자들이 함께 결성한 항일 단체야. ③ 조선 총독부는 일제가 조선을 식민지로 만든 후 조선을 통치하기 위해 세운 통치 기구야. ④ 6·29 민주화 선언은 대통령 선거를 직선제로 바꾸기로 약속한 특별 선언이야.

06 곽재우는 임진왜란 때 활약한 의병장이지.

07 일제에 진 빚을 국민의 힘으로 갚기 위해 1907년에 시작한 운동은 국채 보상 운동이야. 대구에서 시작해 『대한매일신보』 등이 동참하면서 전국적으로 확대되었지.

08 안중근은 단지회를 조직해 한국 침략에 앞장섰던 이토 히로부미와 친일파를 암살하려 했어. 그는 1909년 하얼빈 역에서 이토 히로부미를 권총으로 저격해 사살했어. ② 샌프란시스코에서 스티븐스를 저격한 인물은 장인환이야.

2-2 3·1 운동과 대한민국 임시 정부 수립

STEP 1 ★ 키워드 확인하기 63쪽

> ㉠ 조선 총독부 ㉡ 무단 통치 ㉢ 신민회
> ㉣ 3·1 운동 ㉤ 대한민국 임시 정부

STEP2 ★ 핵심 문제 풀기 64~66쪽

> **01** ① **02** 토지 조사 사업 **03** ① **04** 민족
> 자결주의 **05** ④ **06** 예 상하이는 프랑스의
> 조계지로 많은 외국인들이 드나들어 세계의 여
> 러 소식을 알 수 있었으며, 외교 활동을 하기에
> 도 편리했다.

01 처음으로 부산, 인천, 원산의 항구를 일본에
연 것은 강화도 조약을 맺은 이후야. 1910년
대 일제의 무단 통치와는 관련이 없지.

02 일제의 토지 조사 사업으로 조선의 농민들
이 큰 피해를 보았어. 일제는 기간 내에 신고
하지 않은 땅은 주인 없는 땅으로 여겨 빼앗
아 가고, 오랫동안 같은 땅에서 농사지어 온
사람들의 권리를 인정해 주지 않았어. 이 때
문에 일부 농민들은 아예 고향을 등지고 떠
나야 하는 상황으로 내몰리고 말았지.

03 1907년 안창호는 양기탁, 이승훈과 신민회라
는 비밀 조직을 만들었어. 『독립신문』을 창간
한 단체는 독립 협회야.

04 제1차 세계 대전이 끝난 뒤 미국의 대통령 윌
슨은 '자기 민족의 일은 그 민족 스스로가 결
정해야 한다.'는 '민족 자결주의'를 내세웠어.
윌슨의 민족 자결주의는 식민지 상황에 있었
던 국가들에게 독립에 대한 희망을 주었어.

05 만민 공동회는 1898년에 최초로 열린 민
중 대회야. 3·1 운동과는 큰 관련이 없어. ①
1919년 3·1 운동 소식이 알려지자 미국의 동
포들도 한국의 독립 운동을 지지하고 대한민
국 임시 정부의 수립을 알리기 위해 미국 필
라델피아 독립관 앞에서 자유 한인 대회를 열
었어. ③ 3·1 운동 때 만세 운동이 점점 더 격
렬해지자 경기도 화성의 제암리에서는 일제
의 보복으로 많은 사람들이 죽고 마을 전체
가 흔적도 없이 사라져 버렸어.

06 상하이는 임시 정부를 세우기에 좋은 환경이
었어. 상하이는 프랑스의 조계지였기 때문에
일본이 마음대로 활동할 수 없었지. 많은 외
국인들이 드나들어 외교 활동을 하기에도 편
했고, 세계의 소식을 빠르게 알 수 있었어.

STEP 3 ★ 생각하며 글쓰기 67~69쪽

> **01** 예 ㉠ 회사를 세우려면 총독의 허가를 받아
> 야 했음. ㉡ 신고 되지 않은 땅과 왕실이나
> 관청에 속한 땅을 일본인에게 싸게 넘김.
> **02** ③
> **03** 예 일제가 한국에서 실시한 토지 조사 사업
> 과 회사령의 실상을 고발합니다. 일제는 토
> 지 소유권을 분명하게 한다는 명목으로 토
> 지 조사 사업을 실시했습니다. 하지만 실제

로는 지주들의 소유권만 인정하여 농민들은 경작권을 빼앗기고 땅에서 쫓겨나거나 소작농으로 전락했습니다. 그리고 신고 되지 않은 땅과 왕실이나 관청에 속한 땅을 일본인에게 싼 값에 넘겼습니다.
또한 일제는 한국인의 기업 활동을 도와준다는 이유로 회사령을 실시했습니다. 하지만 실제로는 한국인의 기업 활동을 제한하는데 이용되고 있으며, 한국인보다 일본인에게 설립 허가를 더 많이 내어 주고 있습니다. 이러한 이유에서 일제의 토지 조사 사업과 회사령을 고발하는 바입니다.

★ (가)의 내용: 토지 조사 사업과 회사령 실시에 대한 조선 총독부의 입장.
★ (나)의 내용: 토지 조사 사업과 회사령의 실상.
　　1문단: 수백만의 농민들이 땅에서 쫓겨나거나 소작농이 됨.
　　2문단: 일제가 신고 되지 않은 땅과 왕실이나 관청에 속한 땅을 일본인에게 싸게 넘김.
　　3문단: 일제는 한국인의 기업 활동을 제한하기 위해 회사령을 실시함.
　　4문단: 회사령은 한국인의 회사 설립에 불리하게 작용함.

01 (가)와 (나)를 읽고 토지 조사 사업과 회사령의 표면적 이유와 실상을 정리해 보자.
1) 토지 조사 사업
① 표면적 이유: 근대적 토지 소유권을 확립하기 위해 실시.
② 정책의 실상: 농민들을 소작농으로 만들고, 신고 되지 않은 땅과 왕실이나 관청에 속한 땅을 일본인에게 싸게 넘김.

2) 회사령
① 표면적 이유: 한국인이 지식과 경험이 부족해 회사 조직의 사업을 경영할 수 없고, 일본인 자본가가 손해를 입을 우려 때문에.
② 정책의 실상: 한국에서 회사를 세우려면 총독의 허가를 받아야 했고, 총독부는 상대적으로 일본 회사에 허가를 많이 내주었음.

02 (나)에 따르면, 조선 총독부는 토지 조사 사업을 실시해 신고 되지 않은 땅과 왕실이나 관청에 속한 땅을 일본인에게 싸게 넘겼어. ① 일제는 조선 농민들의 경작권을 부정하고 지주의 소유권만 인정했어. 그 결과 수많은 농민들이 땅에서 쫓겨나거나 소작농으로 전락해 버렸지. ② 회사령의 실시로 인해 한국에서 회사를 세우기 위해서는 총독의 허가를 받아야 했어. ④ 조선 총독부는 회사 경영의 지식과 경험이 부족한 한국인들을 도와주기 위해 회사령을 실시했다고 주장했어. 하지만 실제로는 한국인들의 기업 활동을 제한했지.

03 **글쓰기 TIP** (가)와 (나)에서 정리한 토지 조사 사업과 회사령의 표면적 목적과 실상을 중심으로 외국 신문에 토지 조사 사업과 회사령의 실상을 고발하는 글을 써 보자.
주장: 토지 조사 사업과 회사령의 실상을 고발함.
근거1
① 토지 조사 사업 실시의 표면적 이유: 근대적 토지 소유권을 확립하기 위해.
② 토지 조사 사업의 실상: 수백만의 농민들을 소작농으로 만들고, 신고 되지 않은 땅과 왕실이나 관청에 속한 땅을 일본인에게 싸게 넘김.

근거2

① 회사령 실시의 표면적 이유: 한국인이 지식과 경험이 부족해 회사 조직의 사업을 경영할 수 없고, 일본인 자본가가 손해를 입을 우려 때문에.

② 회사령의 실상: 한국에서 회사를 세우려면 총독의 허가를 받아야 했고, 총독부는 상대적으로 일본 회사에 허가를 많이 내주었음.

결론: 일제의 토지 조사 사업과 회사령의 실상을 고발함.

한국사능력검정시험 기출 문제   70~71쪽

| 01 ② | 02 ② | 03 ④ | 04 ④ |
| 05 ② | 06 ① | 07 ① | 08 ④ |

01 일제 식민 통치의 최고 기구는 조선 총독부야. 해방 후에는 미군정청, 정부 수립 후에는 중앙청, 1986년부터는 국립 중앙 박물관으로 사용되다가 1995년에 철거되었어. ① 조선 신궁은 일제가 조선 식민 지배의 상징으로 남산에 세운 일본식 사당이야.

02 조선 태형령은 1910년대에 시행되었어. 일제는 무단 통치를 하며 헌병 경찰들로 한국인을 통제하고 감시했지. ③ 치안 유지법은 일제가 1925년에 사회주의 운동이 확산되는 것을 막기 위해 제정한 법이야.

03 일제가 식민지 조선의 토지를 측량했던 사업은 토지 조사 사업이야.

04 만주 삼원보에 신흥 강습소를 세워 독립군을 길러 낸 인물은 이회영이야. ① 김구는 대한민국 임시 정부와 한인 애국단을 이끌던 독립 운동가야. ② 안창호는 평양에 대성 학교를 세워 인재를 키우는 등 한국인의 실력 양성 운동에 앞장섰어. ③ 이봉창은 한인 애국단에 가입하여 일본으로 건너가 일본 천황 암살을 시도했어.

05 대성 학교와 흥사단을 설립한 인물은 안창호야. 신민회 조직에도 관여했지. ① 김원봉은 의열단을 조직하고 조선 의용대를 창설한 독립운동가야. ③ 여운형은 해방 후 조선 건국 준비 위원회를 조직해 건국을 준비했지. ④ 윤봉길은 상하이의 홍커우 공원에서 일본군의 주요 인물들을 향해 폭탄을 던졌어.

06 도쿄 유학생들이 1919년 2월 8일에 발표한 독립 선언서는 국내의 독립운동가들에게 자극을 주어 3·1 운동의 도화선이 되었어. ② 브나로드 운동은 농촌 계몽 운동이야.

07 서울 종로 태화관, 탑골 공원, 화성 제암리, 천안 아우내 장터 등과 관련된 사건은 3·1 운동이야.

08 탑골 공원에서 시작되어 전국으로 퍼진 만세 시위는 3·1 운동이야. 3·1 운동을 계기로 국내외의 독립운동가들은 힘을 모아 상하이에 대한민국 임시 정부를 세웠어.

2-3 식민 통치의 변화와 독립운동의 전개

01 (1) 일제는 '문화 통치'를 하겠다며 헌병 경찰 제도를 폐지하고 보통 경찰 제도를 실시했지만, 경찰의 수와 경찰 관련 예산을 3배나 넘게 늘려 한국인들에 대한 감시를 강화했어.
(2) 일제는 금지되었던 언론과 출판, 집회의 자유를 허용했어. 하지만 모든 신문과 책은 발행하기 전에 총독부가 미리 검사했고, 일본의 식민 지배를 비판하거나 민족의식을 자극하는 내용은 모두 삭제하게 했어.
(3) 일제는 한국인의 교육 기간을 늘리고 고등 보통학교를 늘리겠다고 했어. 한국어와 한국 역사를 가르치는 것도 막지 않겠다고 했지. 하지만 초등 교육과 기술 교육 같은 아주 기초적인 부분만 확대하고 학교에서는 한국인과 일본인이 하나라는 교육을 강화했어.

02 산미 증식 계획으로 식민지 조선의 쌀 생산량은 늘었지만, 일본으로 가져가는 쌀의 양은 더 크게 증가했어. 결국 한국인의 쌀 소비량은 줄어들 수밖에 없었지. 식민지 조선에서는 쌀이 부족해져서 쌀값이 크게 올랐어.

03 자료에 나타난 독립운동은 물산 장려 운동이야. 1920년 조만식은 조선 물산 장려회를 만들어 전국으로 물산 장려 운동을 전파했어. ① 고종의 퇴위와 군대 해산을 계기로 일어난 건 정미의병이야. ② 물산 장려 운동은 문화 통치가 실시되던 1920년에 시작된 운동이야. ④ 『대한매일신보』가 동참하면서 전국적으로 확대된 운동은 국채 보상 운동이야.

04 1929년 11월 광주에서 나주로 가는 기차에서 일본인 학생과 한국인 학생 사이에 다툼이 벌어졌어. 일본 경찰은 한국인 학생만 처벌하고, 신문에서도 한국인 학생에게 불리한 내용만을 보도했지. 그러자 수많은 한국인 학생들이 시위에 나섰어. 신간회가 나서서 학생들의 항일 운동이 전국으로 퍼져 나갈 수 있도록 도와주었지. 이 사건을 광주 학생 항일 운동이라고 해. 3·1 운동 이후 최대 규모의 항일 민족 운동이었지.

05 만주의 독립군은 봉오동과 청산리에서 일본군에 큰 승리를 거두었어. 봉오동에서는 홍범도가 이끄는 독립군 부대가 일본군을 크게 무찔러 대승을 거두었어. 봉오동 전투이지. 봉오동 전투에서 패한 일본군은 다시 싸울 채비를 갖췄어. 홍범도의 부대는 김좌진의 북로 군정서군과 힘을 합쳐 청산리에서 일본군과 맞서 싸웠어. 독립군이 아주 크게 승리했지. 이 전투가 바로 청산리 대첩이야.

06 ⊙ 의열단의 단원이었던 김익상은 김원봉으로부터 총독 암살 밀령을 받고 전기 수리공으로 변장해 조선 총독부에 폭탄을 터뜨렸어. 의열단은 1920년부터 조선 곳곳에 있었던 비밀 조직망과 협력하여 의열 투쟁을 시작했어.
ⓒ 대한민국 임시 정부의 김구는 의열 투쟁을 결심하고 소수의 인원을 모아 한인 애국단을 조직했어. 이봉창은 도쿄에서 천황의 마차를 향해 폭탄을 던졌지만 실패하고 말았지.

STEP 3 ★ 생각하며 글쓰기　　　77~79쪽

01 ⊙ 문관도 총독으로 임명할 수 있음. ⓒ 헌병 경찰 제도　ⓒ 일반 관리·교원이 제복을 입고 그 위에 칼을 차는 규정을 폐지.

02 ④

03 예 일제는 정치·사회적으로 한국인을 일본인과 동등하게 대우하겠다면서 문화 통치를 실시했다. 문관도 총독이 될 수 있게 했으며, 헌병 경찰 제도를 보통 경찰 제도로 바꾸었다. 또한 언론·집회·출판·결사의 자유를 허용하고, 일반 관리나 교사들이 제복을 입고 칼을 차는 복제를 폐지하기도 했다. 하지만 문화 통치의 실상은 전혀 달랐다. 일제는 단 한 번도 문관을 조선 총독으로 임명하지 않았으며, 경찰의 수와 예산을 대폭 증대시켰다. 그리고 신문의 내용을 사전에 검열하여 총독부의 정책을 비판하거나 한국인의 애국심을 고취하는 기사는 모두 삭제하거나 수정하도록 했다. 이처럼 일제의 문화 통치는 이전의 무단 통치와 비교해 근본적으로 바뀐 것이 없었다.

★ (가)의 내용: 문화 통치 실시에 대한 조선 총독부의 입장.

★ (나)의 내용: 한국인 김씨, 이씨, 양씨가 문화 통치의 실상에 대해 이야기함.

01 (가)를 읽고 조선 총독부가 실시한 문화 통치의 내용을 정리해보자.
무단 통치 시기
① 조선 총독: 육군이나 해군 가운데서 임명
② 경찰 제도: 헌병 경찰 제도
③ 복제: 일반 관리·교원이 제복을 입고 칼을 참.
문화 통치 시기
① 조선 총독: 무관 뿐 아니라 문관도 총독이 될 수 있음.
② 경찰 제도: 보통 경찰 제도
③ 복제: 일반 관리·교원이 제복을 입고 칼을 차는 규정을 폐지.

02 일제는 문화 통치를 한다는 명목으로 언론, 출판, 집회, 결사를 허용한다고 말했어.

03　글쓰기 TIP　(가)와 (나)에 나타난 문화 통치의 내용과 실상을 정리해 보고, 그것을 바탕으로 일제의 문화 통치를 비판하는 기사를 써 보자.
일제가 내세운 문화 통치의 실시 이유: 정치·사회적으로 한국인을 일본인과 동등하게 대우하겠다.
정책 내용과 실상
1) 문화 통치의 내용
　① 문관도 총독이 될 수 있다.
　② 헌병 경찰 제도를 보통 경찰 제도로 바꾼다.

③ 언론·집회·출판·결사의 자유를 허용한다.

④ 관리나 교사가 제복을 입고 칼을 차는 복제를 폐지한다.

2) 문화 통치의 실상

① 단 한 번도 문관을 조선 총독으로 임명하지 않았다.

② 경찰의 수와 예산을 대폭 증대시켰다.

③ 신문의 내용을 사전에 검열하여 총독부의 정책을 비판하거나 한국인의 애국심을 고취하는 기사는 모두 삭제하거나 수정하도록 했다.

결론: 일제의 문화 통치는 이전의 무단 통치와 비교해 근본적으로 바뀐 것이 없었다.

한국사능력검정시험 기출 문제
80~81쪽

01 ③	02 ④	03 ④	04 ①
05 ①	06 ②	07 ④	08 ①

01 일제가 1920년부터 시행한 농업 정책은 산미 증식 계획이야.

02 물산 장려 운동이야. 1920년에 조만식이 평양에서 조선 물산 장려회를 만들어 전국으로 운동을 전파했어.

03 학생들이 민족 차별 철폐와 식민지 교육 반대를 내세우며 1929년에 일으킨 운동은 광주 학생 항일 운동이야. 신간회가 진상 조사단을 파견하기도 했지.

04 광주 학생 항일 운동에 진상 조사단을 파견한 단체는 신간회야. ③ 대한 광복회는 박상진 등이 1915년에 결성한 국내 독립운동 단체야. ④ 조선어 학회는 1931년에 우리말과 글을 연구하려는 목적으로 만들어진 단체야. 『조선어 사전』을 편찬했지.

05 3·1 운동은 1919년 3월 1일에 시작된 전국적인 만세 운동이야. 6·10 만세 운동은 순종의 장례식을 계기로 1926년에 벌어진 만세 운동이지. 광주 학생 항일 운동은 한국인 학생과 일본인 학생의 다툼을 계기로 하여 1929년에 벌어진 항일 운동이야.

06 독립운동가이자 역사가로, 일제의 침략을 비판하고 민족적 자긍심을 높이는 글을 쓴 인물은 신채호야. ① 백남운은 『조선사회경제사』 등을 써서 우리나라의 경제사학 발전에 큰 역할을 했어. ④ 이동휘는 대한민국 임시 정부의 초대 국무총리로 취임하기도 했지.

07 윤봉길은 김구가 이끄는 한인 애국단에 가입하여 상하이 훙커우 공원에서 일본군의 주요 인사들을 향해 폭탄을 던졌어. ① 『을지문덕전』, 『이순신전』 등 위인전을 쓴 인물은 신채호야.

08 김좌진, 홍범도 등이 이끈 독립군이 1920년에 일본군과 맞서 싸워 크게 승리한 전투는 청산리 전투야. ② 삼원보는 신흥 무관 학교가 있었던 곳이야. ③, ④ 국내에서는 일제의 통제와 감시 때문에 독립 전쟁을 하기 어려웠어.

2-4 민족 말살 정책과 일제의 패망

STEP 1 ★ 키워드 확인하기   83쪽

ⓐ 황국 신민 서사   ⓑ 창씨개명
ⓒ 국가 총동원법   ⓓ 징병제   ⓔ 한국광복군

STEP 2 ★ 핵심 문제 풀기   84~86쪽

---

01 ③   **02** (1)-ⓑ, (2)-ⓐ, (3)-ⓒ   **03** ②
04 (1) 학도 지원병 (2) 위안부   **05** ⓐ 임시 정
부 ⓑ 한국광복군 ⓒ 삼균주의   **06** ③

---

01 1939년 유럽에서 독일이 제2차 세계 대전을
일으키자, 일본은 독일과 같은 편에 서서 전쟁
에 참여했어. ② 일본은 1937년에 중일 전쟁
을 일으켰어. 하지만 중국인들의 저항이 거세
자 일본군은 난징을 점령하고 30만 명에 이르
는 사람들을 마구 죽였어. 이 사건을 난징 대
학살이라고 해. ④ 일본은 중일 전쟁을 일으
킨 데 이어 미국의 하와이를 공격해 태평양
전쟁을 일으켰어. 전쟁이 확대되면서 일본은
더 많은 물자와 사람이 필요해졌지.

02 (1) ⓑ 학교에서 학생들이 일본어로 수업을 듣
고 있는 장면이야. (2) ⓐ 일본의 조상과 신을
모시는 장소인 신사에 한국인들이 참배를 하
고 있어. (3) ⓒ 사람들이 창씨개명을 신청하
기 위해 줄을 서 있는 모습이야. 일제는 전쟁
에 쉽게 내보낼 수 있도록 한국인을 일본인처
럼 생각하고 행동하게 만들고자 했어.

03 일제는 국가 총동원법을 만들고 전쟁 준비에
필요한 것들을 거두어 갔어. 일반 가정에서
사용하고 있는 쇠붙이도 가져갔는데, 숟가락,
젓가락 등도 예외는 아니었지.

04 (1) 1940년대에 일제는 학도병 제도를 활용해
서 학생들을 전쟁터에 내보냈어. '학도 지원병'
의 이름으로 대학 및 전문학교에 다니고 있던
한국인 학생들을 강제로 전쟁에 동원했지.
(2) 일제는 전쟁터에 한국과 중국, 동남아시
아, 러시아 등 여러 국가의 여성들을 강제로
끌고 가 성적 노리개로 삼았어. 이들을 일본
군 '위안부' 여성들이라고 하지. '위안부' 여성
들은 일본군에 의해 성적 학대와 폭력을 당
했어.

05 ⓐ 대한민국 임시 정부는 윤봉길의 의거 이
후 일제의 감시가 심해져 상하이를 떠나야만
했어. 이후 여러 도시를 거쳐 1940년 9월 충
칭에 자리 잡았지. ⓑ 대한민국 임시 정부는
정식 군대인 한국광복군을 창설했어. 태평양
전쟁 직후, 대한민국 임시 정부는 일본에 선
전포고했지. ⓒ 1941년 대한민국 임시 정부
는 독립을 준비하며 대한민국 건국 강령을 만
들었어. 세 가지 분야에서 균등한 사회를 만
든다는 뜻에서 삼균주의라고 불러.

06 1945년이 되면서 전쟁 이후를 준비하는 노력
들이 있었어. 대한민국 임시 정부는 한국광
복군을 국내로 진격시키려는 계획을 세웠지.
① 이탈리아와 독일이 차례로 항복하면서 연
합국의 승리가 확실해지자 영국, 미국, 중국
의 지도자들은 전쟁이 끝난 후 벌어질 문제

들을 처리할 방법을 논의하기 위해 이집트 카이로에 모였어. 이들은 일본이 침략한 나라들이 모두 제자리를 찾을 수 있도록 힘을 모았지.

STEP 3 ★ 생각하며 글쓰기 87~89쪽

01 예 조선인들이 내선일체를 통해 일본인들과 똑같아지면 일본인들과 동등한 대우를 받게 될 것이라고 생각했기 때문이다.

02 ④

03 예 이광수님께. 내선일체가 되면 조선인들이 행복해질 것이라는 당신의 생각은 옳지 않습니다. 당신은 만약 조선인들이 내선일체를 통해 일본인들과 구분될 수 없을 정도로 똑같아지면 일본인들과 동등한 권리를 누릴 수 있을 것이라고 생각하시는 것 같습니다.
하지만 일본은 결코 조선인들을 자신들과 동등하게 대우할 생각이 없습니다. 일제가 내선일체를 실시한 이유는 어디까지나 조선인들을 전쟁에 동원하고자 했기 때문입니다. 이로 인해 실시된 창씨개명, 신사 참배, 황국 신민 서사 암송 등은 일제가 조선인들을 전쟁에 동원하기 위한 수단에 불과합니다. 따라서 당신은 내선일체를 주장하는 일제에 동조해서는 안 됩니다.

★ (가)의 내용: 이광수가 조선인 스스로 내선일체를 위해 노력해야 한다고 주장함.

★ (나)의 내용: 일본인들이 내선일체를 실시한 목적과 방법, 예상되는 결과에 대해 이야기함.

01 (가)를 바탕으로 이광수가 내선일체를 주장했던 이유를 생각해보자. 이광수는 조선인

인지 일본인인지 구분할 수 없는 상태가 되는 것이 최후의 이상이라고 말했어. 이광수는 아마도 조선인이 일본인과 구분될 수 없을 정도로 똑같아지면 일본인과 동등한 권리를 누릴 수 있게 될 것이라고 생각했던 것 같아.

02 (나)에 나타난 일본인들의 가상 대화를 읽고 내선일체에 대해서 분석해 보자.
① 내선일체의 의미: 일본과 조선이 하나임.
② 내선일체의 실시 목적: 조선인을 전쟁에 동원하기 위함.
③ 내선일체를 이루기 위한 방법: 창씨개명, 신사 참배, 황국 신민 서사 암송 등.
④ 내선일체의 예상되는 결과: 조선인들은 일본인들과 완전히 동등해질 수 없을 것. 따라서 일본이 조선을 자신들과 동등하게 대우하려고 했다는 ④번 보기는 옳지 않아.

03 **글쓰기 TIP** (나)에 나타난 내용을 바탕으로 이광수의 생각을 비판해 보자. 이광수의 생각에 대해서는 (가)를 참조하자.
주장: 내선일체가 되면 조선인들이 행복해질 것이라는 생각은 옳지 않다.
이광수의 생각: 조선인들이 내선일체를 통해 일본인들과 구분될 수 없을 정도로 똑같아지면 일본인들과 동등한 권리를 누릴 수 있을 것이다.
비판 근거: 일본은 결코 조선인들을 자신과 동등하게 대우할 생각이 없다. ① 일제가 내선일체를 실시한 이유는 어디까지나 조선인들을 전쟁에 동원하기 위해서임. ② 창씨개명, 신사 참배, 황국 신민 서사 암송 등은 일제가 조선인들을 전쟁에 동원하기 위한 수단에 불과함.

결론: 내선일체를 주장하는 일제에 동조해서는 안 됨.

한국사능력검정시험 기출 문제
90~91쪽

01 ④	02 ②	03 ②	04 ③
05 ④	06 ①	07 ②	08 ④

01 별기군은 조선 고종 때 만들어진 서양식 군대야. 고종은 개화 정책을 추진하면서 신식 군대인 별기군을 양성했어.

02 일제가 한국인들에게 신사 참배를 강요했던 시기는 민족 말살 정책이 시행되던 시기야. 이 시기에 일제는 한국인들의 이름을 바꾸는 창씨개명을 강요했지.

03 일제는 중일 전쟁과 태평양 전쟁이 연이어 일어나자, 한국인들을 전쟁에 동원하기 위해 한국인들을 일본인처럼 만들려고 했어. 이 때 사용된 식민지 정책을 민족 말살 정책이라고 불러. 고종을 퇴위시킨 것은 일제가 조선을 식민지로 만들기 전의 일이야.

04 일제는 1937년에 중일 전쟁을 일으켰어. 인력과 물자가 부족해진 일제는 학도병 제도를 활용해서 학생들을 전쟁터로 끌고 갔어. ① 회사령은 식민지 조선에서 회사를 설립할 경우 조선 총독부의 허가를 받도록 한 법이야. ② 조선 태형령은 일제의 무단 통치 시기에 시행되었던 법이야. ④ 산미 증식 계획은 일제가 1920년부터 추진한 농업 정책이야.

05 일제가 중국 대륙을 본격적으로 침략하던 시기는 1930년대 후반부터야. 연표에서 (라)에 해당되는 시기이지.

06 일제는 중일 전쟁으로 물자가 부족해지자 1938년에 '국가 총동원법'을 만들어 한반도에서 전쟁에 필요한 모든 자원을 가져갔어. 일제는 태평양 전쟁으로 전쟁이 확대되면서 군인이 부족해지자 1944년 징병제를 실시해 한국인까지 전쟁으로 끌고 갔지.

07 대한민국 임시 정부는 1940년에 정식 군대인 한국광복군을 창설했어. ① 만민 공동회는 독립 협회의 주도 하에 열린 민중 대회야. ③ 국채 보상 운동은 일본에 진 빚을 백성들의 힘으로 갚아 독립을 유지하자는 운동이야. ④ 동학 농민 운동은 전봉준 등 동학의 지도자들이 이끌었어.

08 중국 충칭에 있었던 단체로, 미국 전략 정보국의 지원을 받아 군대를 국내로 침투시키려 했던 단체는 대한민국 임시 정부야. ① 신간회는 1927년에 민족주의자들과 사회주의자들이 힘을 합쳐 조직한 단체야. ② 대한 독립군은 1919년 만주에서 조직된 독립 운동 단체야. ③ 대한 국민 의회는 3·1 운동 직후 연해주 지역에서 조직된 항일 임시 정부야.

3-1 8·15 광복과 대한민국 정부 수립

STEP 1 ★ 키워드 확인하기   95쪽

┌─────────────────────────────────────┐
│ ㉠ 38도선   ㉡ 신탁 통치   ㉢ 좌우 합작 운동 │
│ ㉣ 남북 협상   ㉤ 대한민국 정부   │
└─────────────────────────────────────┘

STEP 2 ★ 핵심 문제 풀기   96~98쪽

┌─────────────────────────────────────┐
│ **01** ③   **02** 신탁 통치를 반대하는(또는 반탁) │
│ **03** ④   **04** ③   **05** ④   **06** (나)-(라)-(다) │
└─────────────────────────────────────┘

01 남한에 들어온 미군은 조선 건국 준비 위원회의 활동을 인정하지 않았어. 대한민국 임시 정부 역시 정식 정부로 인정하지 않았지. ④ 한반도 남쪽에 들어온 미군은 스스로 우리나라의 정부 역할을 했어. 그리고 나라를 쉽게 다스리기 위해 일제 강점기 때 정부의 일을 했던 친일 관료와 경찰에게 일을 다시 맡겼지.

02 모스크바 3국 외상 회의 결과는 한국에 잘못 전달되었어. 신문에서는 임시 민주주의 정부 수립 대신 신탁 통치에 대한 내용만 강조하고, 미국과 소련의 주장을 반대로 전달했지. 좌익 지도자들은 처음에는 신탁 통치에 반대했지만 조선 공산당 대표인 박헌영이 소련에게서 실제 결정 내용을 듣고 입장을 바꾸어 모스크바 3국 외상 회의 결정을 지지하는 운동을 벌였어. 반면 우익 지도자들은 신탁 통치에 반대하는 반탁 운동을 거세게 벌였지.

03 국제 연합에서 남북한 총선거가 결정되자, 국제 연합은 한국 임시 위원단을 구성해 한국으로 보냈어. 위원단은 북으로 들어가려 했는데 소련이 이를 막았지. 그래서 국제 연합에서는 남한 지역에서만 총선거를 실시하기로 했어. ① 미소 공동 위원회가 성과 없이 중단되자 좌우 합작 운동이 시작되었어. 우익에서는 김규식이, 좌익에서는 여운형이 나서서 임시 민주주의 정부를 세우기 위해 노력했지. ② 미소 공동 위원회가 별 성과 없이 끝나자 미국은 이 문제를 국제 연합(UN)에 넘겼어. ③ 국제 연합에서는 '유엔 감시 하의 남북 총선거'안을 투표에 붙였어. 이 투표에는 소련이 참가하지 않은 채 미국의 뜻대로 남북한 총선거가 결정되었지.

04 국제 연합에서 남한만의 총선거가 결정되자 김구와 김규식은 분단을 막기 위해 북의 김일성에게 남북 협상을 갖자고 요청했어.

05 북한은 1948년 9월 9일에 정부를 세우고, 나라 이름을 조선 민주주의 인민 공화국이라고 했어. 북한에도 독립된 정부가 세워지면서 한반도는 완전히 분단되었지. 그렇지만 국제 연합은 북한 정부를 인정하지 않고, 남한을 한반도의 유일한 합법 정부로 인정했어.

06 (나) 모스크바 3국 외상 회의에서는 한반도에 임시 민주주의 정부를 세우고, 연합국 나라들이 한반도를 신탁 통치하기로 했어. 그러자 남한 전역에서는 신탁 통치에 반대하는 우익과 모스크바 3국 외상 회의의 결정을 지지하는 좌익이 갈등했지. (라) 나라가 둘로 나눠

질지도 모른다는 위기감을 느낀 사람들은 좌우 합작 운동을 시작했어. 우익에서는 김규식이, 좌익에서는 여운형이 나서서 노력했지. 하지만 좌우 합작 운동은 여운형의 죽음과 함께 실패로 끝나고 말았어. (다) 한편 미국은 소련과의 대화를 포기하고 한국 문제를 국제 연합에 넘겼어. 국제 연합에서는 남북한 총선거를 결정했지만 소련이 이를 막아 결국 남한 지역에서만 총선거를 하기로 했지. 1948년 5월 10일에 남한만의 총선거가 실시되었어. 이 선거로 당선된 국회 의원들은 헌법을 만들고 이승만을 대통령으로 뽑았지. 1948년 8월 15일, 드디어 대한민국 정부가 수립되었어.

STEP 3 ★ 생각하며 글쓰기   99~101쪽

> **01** ㉠ 헌법 ㉡ 친일파를 청산하기 위해서 만들었다. ㉢ 농지 개혁법
>
> **02** ④
>
> **03** 예 1948년 5월 10일 총선거로 구성된 제헌 국회는 여러 업적을 남겼다. 먼저 제헌 국회는 나라 이름을 대한민국으로 정하고 제헌 헌법을 만들어 공포하였다. 또한 대통령을 선출하여 정부를 수립하는데 기여했다. 그리고 농지 개혁법 등 나라의 기틀이 되는 수많은 법을 제정하였다.
> 하지만 제헌 국회에서 제정한 반민족 행위 처벌법에 따라 구성된 반민족 행위 특별 조사 위원회의 활동은 친일 경찰의 방해를 받아 실패로 돌아갔다. 이는 친일파를 제대로 처벌할 기회를 놓쳤다는 점에서 제헌 국회의 활동은 한계를 갖는다.

★ (가)의 내용: 5월 10일 총선거로 구성된 제헌

국회가 헌법을 공포함.
　1문단: 1948년 7월 17일에 대한민국 최초의 헌법이 공포됨.
　2, 3문단: 헌법이 공포되기까지의 과정.
　4문단: 앞으로 진행될 제헌 국회의 업무.

★ (나)의 내용: 국회 의원들이 제헌 국회에서 만든 중요한 법과 그 한계에 대해 이야기함.

01 (가), (나)의 내용으로 각 법을 만든 목적을 정리해 보자.

　㉠ 제헌 국회는 헌법을 만들었어. 헌법은 국가를 민주적으로 운영하는 데 가장 중요하고 기본이 되는 내용을 담고 있지. ㉡ 반민족 행위 처벌법은 친일파를 청산하기 위해 만들어졌어. 반민족 행위 처벌법에 따라 반민족 행위 특별 조사 위원회가 만들어졌지만 제대로 활동하지 못하고 끝났지. ㉢ 제헌 국회는 농민들에게 농사지을 땅을 주기 위해 농지 개혁법을 만들었어.

02 제헌 국회는 친일파를 청산하기 위해 반민족 행위 처벌법을 만들고, 반민족 행위 특별 조사 위원회를 구성했어. 하지만 친일파 출신 관료들과 경찰의 방해로 제대로 활동하지 못하고 끝나버렸지.

03　**글쓰기 TIP**　(가)와 (나)에 나타난 제헌 국회의 업적과 한계를 정리해 보자.
　1) 제헌 국회의 업적
　① 나라 이름을 대한민국으로 정하고 헌법을 만들어 공포함.
　② 대통령을 선출하여 정부를 수립함.
　③ 농지 개혁법 등 나라의 기틀이 되는 수많

은 법을 제정함.

2) 제헌 국회의 한계

① 반민족 행위 특별 조사 위원회의 활동이 실패하여 친일파를 제대로 처벌할 기회를 놓침.

한국사능력검정시험 기출 문제
102~103쪽

01 ④	02 ①	03 ④	04 ②
05 ④	06 ②	07 ③	08 ③

01 임시 민주 정부 수립, 미·소 공동 위원회 설치, 신탁 통치 실시 등을 결정한 회의는 모스크바 3국 외상 회의야. ① 얄타 회담은 제2차 세계대전이 끝나갈 무렵 미국, 영국, 소련의 지도자들이 모여 독일의 패전과 그 관리에 대해 의견을 나눈 회담이야. ② 카이로 회담은 제2차 세계대전 때 세계의 지도자들이 이집트 카이로에 모여 전쟁의 수행과 전후 처리 문제를 논의한 회담이야. ③ 파리 강화 회의는 제1차 세계대전이 끝난 뒤 전후 처리를 논의하기 위해 1919년에 파리에서 열린 회의야.

02 (가) 일본이 항복한 뒤 미국, 영국, 소련의 외무 장관들은 모스크바에 모여 앞으로 한반도를 어떻게 할 것인지에 대해 논의했어. (나) 모스크바 3국 외상 회의의 결과에 따라 미·소 공동 위원회가 열렸지만, 미국과 소련은 합의를 보지 못했어. (다) 미국은 한반도 문제를 유엔으로 넘겨 버렸지. 유엔은 한반도에서 선거를 실시하기 위해 한국 임시 위원단을 파견했어.

03 조선 건국 준비 위원회를 조직해 건국을 준비하고, 좌우 합작 운동을 주도했던 인물은 여운형이야.

04 8·15 광복이 이루어지자 남한에는 미군이, 북한에는 소련군이 각각 들어왔어. 미국과 소련은 한반도에 통일 정부를 세우기 위해 미·소 공동 위원회를 열었으나 서로 합의하지 못했지. 이후 미국은 유엔으로 한반도 문제를 넘겨 버렸어. 국제 연합은 한국에서 총선거를 실시하기로 결정했지만, 소련은 국제 연합이 파견한 한국 임시 위원단이 북한으로 들어오는 것을 막았어. 결국 남한만의 총선거가 결정되자 김구와 김규식 등은 한반도가 분단되는 것을 막기 위해 남북 협상을 추진했어.

05 (나) 해방 이후 미국과 소련은 한반도에 임시 민주 정부를 세우기 위해 미·소 공동 위원회를 개최했지만 합의하지 못했어. (다) 미국은 한반도 문제를 국제 연합에 넘겼고, 국제 연합은 남한만의 총선거를 결정했지. (가) 1948년 5월 10일에 총선거가 실시되었어.

06 (가) 시기는 8·15 광복과 대한민국 정부 수립 사이의 시기야.

07 제헌 국회를 구성하기 위해 유엔 한국 임시 위원단의 감시 아래 실시되었던 선거는 5·10 총선거야. 이 선거는 우리나라 최초의 보통 선거였지.

08 1948년 5·10 총선거로 구성된 국회는 제헌 국회야. 제헌 국회는 우리나라 최초의 헌법인 제헌 헌법을 공포했어.

3-2 민족의 상처, 6·25 전쟁

STEP 1 ⭐ 키워드 확인하기　　　105쪽

> ㉠ 1950년 6월 25일　㉡ 인천 상륙 작전
> ㉢ 1·4 후퇴　㉣ 휴전선　㉤ 이산가족

STEP 2 ⭐ 핵심 문제 풀기　　　106~108쪽

> **01** ③　**02** (1) ㉠ 인천 상륙 작전 ㉡ 예 국제 연
> 합군은 인천에 상륙하여 북한군의 보급로를 차
> 단하고 진격했다.　(2) 예 압록강까지 진격했던
> 국군과 연합군은 중국군의 참전으로 다시 한강
> 이남까지 후퇴할 수밖에 없었다.　**03** (나) 중
> 국군의 참전　(다) 정전　(라) 국군의 압록강 진
> 격 / (라)-(나)-(다)　**04** ㉠ 정전(또는 휴전) 협
> 정 ㉡ 냉전　**05** ①

01 국제 연합군의 지휘를 맡게 된 미국 사령관
맥아더는 인천 상륙 작전을 감행해 인천에 상
륙하여 북으로 진격했어.

02 (1) 남한이 전세를 역전시킬 수 있었던 계기
는 인천 상륙 작전이었어. 당시 북한군의 주력
은 낙동강에 있었고, 이들은 매우 지친 상태
였지. 맥아더는 이를 이용하여 인천을 공격해
적의 보급로를 차단하고 후방을 치는 작전을
세웠는데, 이것이 바로 인천 상륙 작전이야.
(2) 국군과 국제 연합군이 38도선을 넘어 북
쪽으로 진격하자 전세를 지켜보던 중국군이
본격적으로 전쟁에 뛰어들었어. 엄청난 숫자
의 병력에 국군과 국제 연합군은 다시 한강

이남으로 밀려날 수밖에 없었지.

03 (라) 북한군에 밀려 낙동강까지 후퇴했던 국
군은 인천 상륙 작전으로 전세를 역전시켜 국
제 연합군과 함께 압록강까지 진격했어. (나)
그러자 전세를 지켜보고 있던 중국군이 참전
했어. (다) 중국군의 우세한 병력에 국군과 국
제 연합군은 남쪽으로 밀려날 수밖에 없었지.
이후 국군과 국제 연합군, 그리고 북한군과
중국군은 38도선 부근에서 밀고 밀리는 싸움
을 계속했어. 1953년 7월 27일, 2년간의 협상
끝에 마침내 정전 협정이 맺어졌어. 당시 남
쪽과 북쪽 군대가 각각 점령하고 있던 지역을
기준으로 휴전선이 그어졌지.

04 ㉠ 1953년 7월에는 종전 협정이 아니라 정전
협정이 맺어졌어. 남한 군대와 북한 군대가
각각 점령한 지역을 기준으로 휴전선이 그어
졌지. ㉡ 6·25 전쟁은 자본주의 대 공산주의
의 대결이었어. 전쟁이 끝나자 양 진영은 서로
무기를 들지는 않았지만 누가 더 경제적으로
풍요롭고 좋은 체제인지를 경쟁했어. 이를 열
전이 아니라 '냉전'이라고 해. 남한과 북한도
전쟁 이후 서로에 대한 적대감이 깊어져 냉전
을 지속했지.

05 정전 협정 때 그어진 군사 분계선은 분단될
때 그어진 38도선과는 다르게 그어졌어. 그
결과 전쟁 전에 남한 땅이었던 황해도와 개성
은 북한 땅이 되었지.

01 ③

02 예 ㉠ 6·25 전쟁으로 가족이 흩어져 이산가족이 발생했으며, 부모를 잃고 고아가 된 아이들이 생겨났다. ㉡ 6·25 전쟁으로 수많은 건물과 문화유산이 파괴되었다.

03 예 안녕하십니까. 우리나라는 6·25 전쟁으로 큰 피해를 입었습니다. 오늘은 그 참상을 집중적으로 보도해드리도록 하겠습니다. 먼저 6·25 전쟁으로 수많은 인명 피해가 발생했습니다. 남한과 북한의 군인은 물론, 외국 군인과 민간인들도 큰 피해를 입었습니다. 어린 학도병들까지도 전쟁에 참여하여 목숨을 잃는 경우가 있었습니다. 그리고 6·25 전쟁으로 수많은 사람들이 이산가족이 되어 헤어진 가족들을 그리워하게 되었으며, 부모를 잃은 전쟁고아들이 생겨났습니다. 또한 수많은 건물들과 문화유산이 폭격과 화재로 인해 파괴되어 이를 재건하는 데 큰 비용이 들 것으로 생각됩니다. 이상 용선생 TV 뉴스 (　이름　)입니다.

★ (가)의 내용: 어린 학도병들도 전쟁터에 나가 무기를 들고 싸움.

★ (나)의 내용: 1·4 후퇴 과정에서 가족을 잃고 혼자 남한으로 내려옴.

★ (다)의 내용: 6·25 전쟁의 인명 피해 / 6·25 전쟁으로 건물들이 파괴되고 부모를 잃은 고아들이 생겨남.

01 (다)의 표를 보면 6·25 전쟁으로 남한과 북한의 군인들 뿐 아니라 수많은 유엔군, 중국군, 민간인들도 목숨을 잃었다는 사실을 알 수 있어. ① (가) 일기의 주인공은 중학교 3학년의 어린 나이였지만 학도병으로 참전하여 무기를 들고 싸웠어. ② (나) 노래의 주인공은 피란 도중 가족들과 흩어졌어. ④ (다)의 두 사진을 보면 6·25 전쟁으로 많은 건물들이 폐허가 되고 부모를 잃은 아이들이 생겨났다는 것을 알 수 있어.

02 (가)~(다)를 바탕으로 인명 피해, 이산가족, 전쟁고아, 건물 및 문화유산 항목에 대한 이야기를 정리해 보자.

(1) 인명 피해: 어린 나이에 전쟁에 참여한 학도병도 있었음. 남한과 북한에서는 군인은 물론 민간인도 큰 피해를 입었음.

(2) 이산가족·전쟁고아: 가족이 뿔뿔이 흩어져 이산가족이 발생함. 부모를 잃고 고아가 된 아이들이 생겨남.

(3) 건물·문화유산: 전쟁으로 수많은 건물과 문화유산이 파괴됨.

03　**글쓰기 TIP**　**02**번에서 정리한 (가)~(다)의 내용을 바탕으로 6·25 전쟁으로 인한 피해를 보도하는 대본을 써 보자.

인명 피해: 남한과 북한의 군인은 물론 외국군과 민간인도 큰 피해를 입었음. 어린 나이에 학도병으로 참전해 목숨을 잃은 경우도 있음.

이산가족·전쟁고아: 가족이 뿔뿔이 흩어져 이산가족이 발생함. 부모를 잃고 고아가 된 아이들이 생겨남.

건물·문화유산: 전쟁으로 수많은 건물과 문화유산이 파괴됨.

01 ②	02 ①	03 ②	04 ③
05 ④	06 ④	07 ②	08 ④

01 6·25 전쟁이 일어나자 대한민국 정부는 임시 수도인 부산으로 이동했어. 부산으로 몰려든 피란민들은 천막 학교를 세워 아이들을 가르쳤지. 한국군과 유엔군은 전세를 역전시키기 위해 인천 상륙 작전을 전개했어. ① 금융 실명제는 1993년부터 시행되었어. ③ 여수·순천 10·19 사건은 1948년에 여수·순천에 주둔하고 있던 군인들이 일으킨 반란이야. ④ 여운형은 해방이 다가오자 조선 건국 준비 위원회를 조직했어.

02 1950년부터 1953년까지 계속된 이 전쟁은 6·25 전쟁이야. 6·25 전쟁에서 연합군은 인천 상륙 작전을 통해 북한군의 보급로를 막고 전세를 뒤집었어. ③ 미국은 1950년 1월 애치슨 선언을 통해 남한을 미군의 태평양 방위선에서 제외했지.

03 국군의 압록강 진출, 흥남 철수, 거제 포로 수용소 등이 발생한 (가) 전쟁은 6·25 전쟁이야. 조선 건국 준비 위원회가 조직된 것은 6·25 전쟁 이전의 일이지.

04 6·25 전쟁은 북한군의 남침으로 시작되었어. 북한군은 순식간에 국군을 낙동강까지 밀어붙였지. (다) 국군과 유엔군은 전세를 역전시키기 위해 인천 상륙 작전을 전개하고 마침내 서울을 수복했어. (가) 국군과 유엔군은 38도선을 넘어 북쪽으로 진격했지만, 중국군의 참전으로 다시 밀려나게 되었지. (나) 밀고 밀리는 싸움 끝에 휴전 협정이 맺어졌어.

05 북한군의 진격을 저지하기 위해 한강 철교와 인도교가 폭파되었어. 6·25 전쟁이 일어나자 전쟁을 피하기 위해 많은 사람들이 고향을 떠나야만 했지. ③ 간토 대지진은 1923년 일본에서 발생한 사건이야. 이때 한국인들이 우물에 독을 풀었다는 유언비어가 퍼지면서 무고한 한국인 수천 명이 학살당했지.

06 (다) 6·25 전쟁은 북한군의 남침으로 시작됐어. 북한군은 낙동강 방어선까지 파죽지세로 밀고 내려왔어. (가) 국군과 유엔군은 불리한 전세를 역전시키기 위해 인천 상륙 작전을 전개해 서울을 수복하고 압록강까지 북진했어. (나) 하지만 중국군의 개입으로 다시 남쪽으로 후퇴했지.

07 6·25 전쟁이야. 1953년 휴전 협정이 체결되어 지금의 휴전선이 결정되었어. 38도선은 제2차 세계대전이 끝나면서 미국과 소련이 한반도를 남과 북으로 나누어 점령하기 위해 그은 경계선이야.

08 6·25 전쟁의 휴전 협정이 체결된 곳이자, 현재 남북한 간의 접촉과 회담의 장소로 이용되고 있는 장소는 판문점이야.

3-3 민주주의의 시련과 극복

STEP 1 ★ 키워드 확인하기   115쪽

⊙ 4·19 혁명   ⓛ 유신 헌법   ⓒ 5·18 민주화 운동
ⓔ 6월 민주 항쟁   ⓜ 직선제

STEP 2 ★ 핵심 문제 풀기   116~118쪽

01 ③   **02** ⊙ 4·19 혁명 ⓛ 5·18 민주화 운동
03 ⊙ 통일 ⓛ 간선제   **04** ⊙ 경부 고속 국도
ⓛ 근로 기준법   **05** (다)-(라)-(나)   **06** ④

01 5·18 민주화 운동은 광주의 시민들이 신군부
의 독재와 폭력에 맞서 싸운 사건이었어.

02 ⊙ 이승만 정부와 자유당은 1960년 3월 15일
정·부통령 선거에서 승리하기 위해 부정행위
를 저질렀어. 3·15 부정 선거에 분노한 국민들
은 시위를 벌였지. 그런데 마산 상고 학생 김주
열이 경찰이 쏜 최루탄에 맞아 사망하는 사건
이 발생했어. 분노한 국민들은 전국에서 시위
를 벌였고, 결국 이승만이 대통령 자리에서 물
러났어. 이 사건을 4·19 혁명이라고 불러. ⓛ
박정희가 사망하자 전두환과 노태우 등 신군
부가 권력을 잡았어. 광주에서는 신군부의 독
재에 반대하는 시위가 일어났어. 그러자 신군
부는 광주에 군대를 보내 시위대를 폭력으로
진압하려 했어. 군인들은 시민들에게 총을 쏘
아 댔고, 시민들도 무장했지. 시민들은 마지막
으로 전남 도청에 모여 싸웠지만 많은 사람들
이 희생되고 말았어. 5·18 민주화 운동이야.

03 박정희는 1972년 7월 4일에 발표한 남북 공동
성명에 따라 통일을 준비하겠다며 유신 헌법
을 만들었어. 박정희는 유신 헌법으로 대통령
을 할 수 있는 횟수의 제한을 없애고, 대통령
선출 방식도 직선제에서 간선제로 바꾸었어.
결국 박정희가 영원히 대통령을 할 수 있는
상황이 만들어진 거야.

04 ⊙ 박정희 정부는 고속 국도를 닦아 교통을
발전시켰어. 서울과 부산을 잇는 경부 고속
국도는 우리나라 최초의 고속 국도로, 경제
개발의 상징이 되었지. ⓛ 박정희 정부는 노동
자보다 기업의 입장을 우선시하는 정책을 펼
쳤어. 낮은 임금에 시달리던 노동자 전태일은
'근로 기준법을 준수하라'는 말을 외치며 스
스로 몸에 불을 붙여 자살을 선택해 사회에
큰 충격을 주었어. 그때부터 노동 환경에 대한
사회의 관심이 높아졌어.

05 (다) 이승만 정부와 자유당은 1960년 정·부
통령 선거에서 온갖 부정행위들을 저질렀어.
이에 분노한 시민들은 4·19 혁명을 일으켰고,
결국 이승만은 대통령 자리에서 물러났지.
(라) 이후 민주당의 장면 정부가 세워졌지만,
박정희가 이끄는 군인들이 5·16 군사 정변을
일으켜 장면 정부를 무너뜨리고 권력을 차지
했어. (나) 박정희는 1972년 유신 헌법을 만
들어 자신이 영원히 대통령을 할 수 있는 상
황을 마련했지. 또 긴급 조치라고 해서 대통
령이 어떠한 조치든 취할 수 있게 했지. 민주
화 운동에 앞장섰던 장준하는 긴급 조치 1호
의 표적이 되어 15년의 징역형을 받았어.

06 1987년 6월에는 직선제 개헌을 요구하는 시위가 전국에서 일어났어. 결국 헌법이 개정되어 대통령 선출 방식이 간선제에서 직선제로 바뀌었지. ① 5·16 군사 정변은 박정희와 일부 군인들이 일으킨 정변이야. ② 유신 헌법은 1972년에 박정희가 자신의 권력을 강화하기 위해 만든 헌법이야. ③ 4·19 혁명은 이승만 정권의 3·15 부정선거에 분노한 국민들이 일으킨 대규모 시위야. 이 사건으로 이승만은 대통령 자리에서 물러났어.

STEP 3 ★ 생각하며 글쓰기   119~121쪽

01 예 광주로 들어가는 길을 막고 거짓 기사를 내보냈다.

02 예 ① 공수 부대를 투입하여 학생, 젊은이를 무차별 살상했다. ② 계엄군의 폭력에 대항하여 고장과 부모, 형제를 지키기 위해. ③ 광주 시민들을 불순배, 폭도로 몰았다.

03 예 제목: 광주의 참혹한 실상
내용: 지금까지 정부와 언론은 광주에서 불순배와 폭도들이 난동을 부리고 있다고 보도했다. 하지만 이는 사실이 아니었다. 계엄 당국은 1980년 5월 18일 오후, 공수 부대를 광주 시내에 투입해 학생, 젊은이들을 무차별 살상했다. 게다가 20일 밤부터는 부대에 발포 명령을 내려 시민들을 향해 무차별 발포를 시작했다. 이에 광주 시민들은 계엄군의 폭력으로부터 자신의 고장과 가족을 지키기 위해 총으로 무장하였다. 그들은 폭도가 아니라 소중한 것을 지키기 위해 일어난 선량한 시민들이었던 것이다.

★ (가)의 내용: 기자가 광주로 들어가 광주의 실상을 목격함.

★ (나)의 내용: 광주 시민들이 총을 들게 된 이유.

01 (가)를 읽고 신군부가 광주에서의 일이 새어 나가지 않도록 하기 위해 취한 조치들을 정리해 보자.
① 광주로 들어가는 길을 계엄군이 막음.
② 시민들이 폭도라는 거짓 기사를 내보냄.

02 (나)를 읽고 5·18 민주화운동의 사건 개요를 정리해 보자.
① 5월 18일 계엄 당국이 취한 조치: 공수 부대를 투입하여 학생, 젊은이를 무차별 살상함.
② 광주 시민들이 무장한 이유: 계엄군의 폭력에 대항하여 고장을 지키고 부모, 형제를 지키기 위해.
③ 언론의 사건 보도: 광주 시민들을 불순배, 폭도로 몰았음.

03 글쓰기 TIP (나)를 바탕으로 광주의 실상을 알리는 기사를 써 보자.
광주에 대한 언론 보도의 내용: 불순배, 폭도들이 광주에서 난동을 부리고 있음.
주장: 이는 사실이 아님.
계엄 당국의 조치 ①: 18일 오후, 공수 부대를 광주 시내에 투입해 학생, 젊은이들을 무차별 살상함.
계엄 당국의 조치 ②: 20일 밤부터는 부대에 발포 명령을 내려 시민들을 향해 무차별 발포를 시작함.
광주 시민들이 무장한 이유: 계엄군의 폭력으로부터 자신의 고장과 가족을 지키기 위해.
결론: 광주 시민들은 폭도가 아닌 소중한 것을

지키기 위해 일어난 선량한 시민들이었음.

01 ①	**02** ①	**03** ③	**04** ④
05 ③	**06** ④	**07** ③	**08** ③

01 3·15 부정 선거로 시위가 일어나 이승만이 하야한 사건은 4·19 혁명이야. ② 6월 민주 항쟁은 1987년 6월에 국민들이 직선제 개헌을 요구하며 일으킨 민주화 운동이야. ④ 5·18 민주화 운동은 신군부의 독재를 반대하는 광주 시민들의 시위를 무력으로 진압한 사건이야.

02 박정희 정부는 1972년 7월 4일에 7·4 남북 공동 선언을 발표했어. 통일을 위해서는 새로운 법이 필요하다는 이유로 유신 헌법을 만들었지. 1979년 10월에는 부산과 마산에서 유신 체제에 반대하는 대규모 시위인 부·마 민주 항쟁이 일어났어.

03 박정희 정부는 경제 성장을 이루기 위해 경제 개발 5개년 계획을 추진했어. (다) 시기인 1962년에 시작되었지.

04 경부 고속 도로는 1968년에 착공하여 1970년에 완공되었지. 이 시기 서울 평화시장 재단사로 일하던 전태일이 근로 기준법 준수를 요구하며 분신했어.

05 권력을 잡은 신군부는 자신들의 독재를 반대하는 광주 시민들의 시위를 잔인하게 진압했어. 5·18 민주화 운동이야. ④ 1969년 박정희 장기 집권을 위해 대통령의 3회 연임을 허용하는 헌법 개정안에 반대한 운동이야.

06 ③ 1979년 10월에 부산과 마산에서 유신 체제에 반대하는 대규모 시위인 부·마 민주 항쟁이 일어났어.

07 대학생 박종철이 고문을 받다가 죽은 사건과 전두환의 4·13 호헌 조치를 계기로 1987년 6월에 전국적인 시위가 일어났어. 결국 여당의 대통령 후보 노태우는 대통령 선거를 직선제로 바꾸기로 약속하는 6·29 민주화 선언을 발표했고, 5년 단임의 대통령 직선제 개헌이 이루어졌어.

08 (나) 이승만 정부와 자유당은 1960년 정·부통령 선거에서 부정 선거를 자행했어. 분노한 시민들이 들고일어나 이승만이 대통령직에서 물러났어. (가) 박정희 정권이 무너지고 권력을 잡은 신군부는 자신들의 독재를 반대하는 광주 시민들의 시위를 잔인하게 진압했는데, 이것이 5·18 민주화 운동이야. (다) 1987년 6월에는 대통령 직선제 개헌을 요구하는 시위가 전국적으로 열렸어. 6월 민주 항쟁이야.

3-4 남북의 평화와 대한민국의 발전

STEP 1 ★ 키워드 확인하기   125쪽

> ㉠ 다문화 가정   ㉡ 외환 위기   ㉢ 햇볕 정책
> ㉣ 남북 정상 회담   ㉤ 촛불 집회

STEP 2 ★ 핵심 문제 풀기   126~128쪽

> **01** ④   **02** (1) 구조 조정 (2) 금 모으기
> (3) 빈부 격차   **03** (1) ○ (2) ○ (3) X (4) ○
> **04** ㉠ 김대중 ㉡ 6·15 남북 공동
> **05** (가)-(다)-(나)   **06** 촛불 집회

01 한국 정부는 사람들이 외국에 나가 북한 사람을 만나거나 북한으로 넘어가는 것을 막기 위해 1980년대까지 해외여행을 규제했어. 하지만 1980년대 후반부터는 자유롭게 해외로 나갈 수 있게 되면서 해외여행도 늘어났지.

02 (1) 우리 정부는 외환 위기가 발생하자 국제 통화 기금(IMF)에 긴급 자금을 요청했어. IMF는 돈을 빌려주는 대신 한국의 기업들이 구조 조정을 해야 한다는 조건을 내밀었지.
(2) 국민들은 외환 위기를 극복하기 위해 금 모으기 운동을 벌이기도 했어.
(3) 외환 위기 이후 기업은 정규직을 많이 뽑지 않고 그 자리를 비정규직으로 채웠어. 빈부 격차도 심해졌지.

03 (1) 남북한이 동시에 유엔에 가입했다는 것은 서로를 독립된 국가로 인정하게 되었다는 의미야. (3) 1998년부터 금강산 관광 사업이 시작되면서 민간인도 북한 지역에 갈 수 있게 되었지.

04 2000년에는 최초로 남북 정상 회담이 열려 남한의 김대중 대통령과 북한의 김정일 국방 위원장이 만났어. 남북은 6·15 남북 공동 선언을 발표하여 통일을 위해 노력하기로 약속했지. 2018년에는 남한의 문재인 대통령과 북한의 김정은 국무 위원장이 만나 평화를 약속했어. 이 날의 판문점 선언은 처음으로 남북이 전쟁을 완전히 끝내는 데 뜻을 모았다는 큰 의미가 있지.

05 (라) 1988년에는 서울 올림픽이 개최되어 우리나라의 발전된 모습을 세계에 알렸어. (가) 1991년에는 남한과 북한이 동시에 유엔에 가입했지. (다) 2000년에는 남한의 김대중 대통령과 북한의 김정일 국방 위원장이 만나 최초의 남북 정상 회담을 개최했어. (나) 2002년에는 한·일 월드컵 축구 대회를 개최해 국제 사회에 강한 인상을 주었지.

06 시민 사회가 발전하면서 시민들은 화염병과 돌멩이 대신 촛불을 들고 자신들의 목소리를 높였어. 2000년대 초반부터 촛불 집회가 시작되었는데, 2016년에는 100만 명이 넘는 시민들이 광화문에 모여 박근혜 대통령 탄핵을 외쳤어.

01 예 ㉠ 사회, 문화 분야의 교류를 발전시켜 나감. ㉡ 이산가족 방문단을 교환함.

02 예 이산가족들의 만남이 더 적극적으로 이루어져야 한다고 생각한다. 남북한이 분단된 지 오래되어 살아계시는 분들이 많지 않기 때문에 이분들의 만남이 더 늦기 전에 이루어졌으면 좋겠다. 또한 이산가족들의 만남은 우리에게 통일의 필요성을 다시 일깨워 줄 수도 있다.

03 예 본 선언문은 남한과 북한이 공동 번영하고 평화로운 새 시대를 위한 선언문이다.
제1항: 남과 북은 서로 협력하여 통일 문제를 자주적이고 평화적인 방식으로 해결해 나간다.
제2항: 남과 북은 정기적으로 남북 정상 회담을 개최하여 서로의 우애와 신뢰를 확인한다.
제3항: 남과 북은 서로의 건전한 경제 발전을 위해 경제적 협력을 강화한다.
제4항: 남과 북은 이산가족 상봉을 위해 노력한다.
제5항: 남과 북은 언어, 역사, 예술, 체육 등 사회 문화 분야의 교류를 강화한다.
남과 북은 위의 조항들을 성실히 준수할 것을 선언한다.

★ (가)의 내용: 세 차례의 남북 정상 회담에서 발표된 선언문의 내용.
★ (나)의 내용: 선생님과 아이들이 다양한 남북 교류 사업에 대해 이야기함.

01 (가)에 나타난 세 선언문의 내용을 정리하자.

① 통일 문제의 주체: 우리 민족끼리 힘을 합쳐 자주적으로 해결해 나감.
② 남북 교류: 역사, 언어, 예술, 체육 등 사회 문화 분야의 교류를 발전시켜 나감.
③ 이산가족: 이산가족 방문단을 교환함.

02 (나)에 나타난 남북 협력 사업들을 정리해 보고, 그중 자신이 생각하기에 의미 있는 사업 하나를 골라 그 이유를 써 보자.
① 남북 정상 회담: 남북 평화에 대한 가장 확실한 메시지가 될 수 있음.
② 경제 협력: 남과 북이 가진 자원과 기술, 노동력을 결합하면 경제 강국이 될 수 있음.
③ 이산가족 만남: 이제 살아 계시는 분이 많지 않음.
④ 스포츠·문화 교류: 스포츠나 문화를 통한 교류는 서로를 훨씬 더 가깝게 느끼도록 함.

03   글쓰기 TIP   (가)와 (나)의 내용을 바탕으로 새로운 시대를 여는 남북 평화 선언문을 작성해 보자. 통일 주체, 남북 정상 회담, 경제 협력, 이산가족 만남, 사회·문화 교류의 다섯 가지 항목으로 구성하면 좋을 것 같아.
① 통일 주체: 자주적이고 평화적으로 통일 문제를 해결할 것.
② 남북 정상 회담: 정기적으로 남북 정상 회담을 개최할 것.
③ 경제 협력: 경제 협력을 강화할 것.
④ 이산가족 만남: 남이산가족 상봉을 위해 노력할 것.
⑤ 사회·문화 교류: 사회, 문화 분야의 교류를 강화할 것.

한국사능력검정시험 기출 문제

132~133쪽

01 ①	**02** ②	**03** ③	**04** ①
05 ④	**06** ①	**07** ②	**08** ②

01 서울 올림픽은 1988년에 개최되었어. 이 시기에는 이산가족 찾기 특별 프로그램이 방영되기도 했고, 대통령 직선제 개헌이 이루어지기도 했지. ② 금강산 관광은 1998년 11월부터 남한의 민간인들이 금강산을 관광할 수 있게 된 것을 말해.

02 서울 올림픽 대회는 (나) 시기인 1988년도에 개최되었어. 전 세계에 발전한 대한민국의 모습을 보여줄 수 있었던 좋은 기회였지.

03 지방 자치제와 금융 실명제를 실시한 (가) 정부는 김영삼 정부야. 1996년에는 경제 협력 개발 기구(OECD)에 가입했어. 하지만 1997년에는 외국에 진 빚을 갚지 못해 국제 통화 기금(IMF)에 긴급 구제 금융을 요청했어. ①, ② 박정희 정부 때의 일이야. ④ 이승만 정부는 미국의 원조 물자를 기반으로 삼백 산업을 성장시켰어. 밀가루, 설탕, 면직물 산업을 삼백 산업이라고 하는데, 모두 흰색이라서 붙여진 이름이야.

04 (가)는 서울 올림픽 대회가 개최된 1988년과 평창 동계 올림픽 대회가 개최된 2018년 사이의 시기야. 경부 고속 도로는 박정희 정부 시기인 1970년에 개통되었어.

05 (다) 박정희 정부는 1972년에 자주, 평화, 민족 대단결의 원칙을 담은 7·4 남북 공동 성명을 발표했어. 하지만 이후 오랫동안 남북 대화가 이루어지지 않았지. (가) 노태우 정부 때인 1991년에는 남북한이 동시에 국제 연합(유엔)에 가입했지. (나) 김대중 정부는 햇볕 정책을 추진해 2000년에 남북 정상 회담을 개최하고 6·15 남북 공동 선언을 발표했어.

06 햇볕 정책을 추진해 최초로 남북 정상 회담을 성사시킨 대통령은 김대중이야. 한반도의 평화에 기여한 공로로 노벨 평화상을 받았어. ③ 윤보선은 대한민국의 제4대 대통령이야. 4·19 혁명으로 이승만 정부가 무너진 뒤 대통령으로 선출되었어. 하지만 박정희가 5·16 군사정변을 일으켜 권력을 잡자 사임했어. ④ 최규하는 대한민국의 10대 대통령이야. 박정희가 살해당하자 통일 주체 국민 회의에서 대통령으로 선출되었어. 하지만 8개월 만에 대통령직에서 물러났지.

07 김대중 정부는 남북의 경제 협력을 위해 북한의 개성에 공업 단지를 조성했지. 개성 공단은 2004년부터 본격적으로 가동됐어.

08 2000년대에 발생한 사건으로는 한·일 월드컵 축구 대회가 있어. 이 대회에서 우리 대표팀은 4강에 진출해 전 세계를 놀라게 했지.